멀고 먼 당신

이유식 일곱 번째 시집

센트피터스버그 푸쉬킨 동상 앞에서/저자

도서출판 한글

제6회 민초해외문학상 시상식을 마치고 참석하신 내빈님들과 함께
수상자 강미영 시인, 심사위원장 유안진 교수, 학술원 회원, 고려
대학교 석좌교수 김동기 박사, 정소성 소설가(교수), 김유조 소설
가(전 건대 부총장), 유선호, 한분순, 김송배 시인, 조성국 민초해
외문학상 부위원장(시조시인).

제6회 민초해외문학
상 수상자
강미영 시인(캐나다
동포 한국 거주)이
수상증을 증여받고
있다

제6회 민초해외문학상 시상식에서 인사말을 하는 문학상 설립자
이유식 위원장(2013년 12월 10 서울광화문프레스센터 20층)

제7회 민초해
외문학상을 수
상한 모스코바
1086 한인학
교 엄넬리 교
장 선생님과
시상식 후 기
념 촬영을 했
다. 좌편은 통
역을 하는 임
미화 한인학교
선생님

겸손과 희생과 사랑을 인류에게 전파하고 떠난 러시아의
대문호 톨스토이의 묘소를 찾았다. 비석도 없는 초라한
그의 무덤에 장미꽃 몇 송이가 놓여 있다

모스코바 한인학교 설립자 엄넬리 박사와 교사 그리고 문학상 시상
식 축하차 독일에서 방문한 배정숙 아동문학가와 포즈를 취했다.

제7회 민초해외문학상 수상자 러시아 모스크바의 엄넬리
박사(엄복순 여사)가 수상소감과 인사말을 했다.(2014년
10월 10일 모스코바 교려인 연합회관)

엄넬리 박사가 설립한 모스코바 1086학교 교장실에서 필자와
교장 선생님

제7회 민초해외문학상 시상식에서 주 러시아 한국대사
위성락님이 축하 인사말을 하고 있다.

러시아 오페라 싱어 엘리사바씨와 피아니스트 나탈리아씨와
공연이 끝난 후 유람선 스카이 덱에서 한담하는 필자

모스코바 대공국의 황제였던 이반 4세가 러시아에서
카잔족을 몰아낸 것을 기념하여 봉헌한 성 바실리 대성
당 앞에서

시인의 말

석양이 멀리 있는 것으로 알았는데 저의 머리 위에서 반짝반짝 노을빛으로 빛이 나고 있습니다.

명예 사랑 돈 어느 것 하나 잡지 못하고 채색된 연륜은 가까운 듯 먼 듯 저의 곁에서 아롱지고 있습니다.

모든 것 중 한 가지도 잡지 못한 채 멀고 먼 당신을 찾아 다시 먼 길을 떠날려는 것이 저의 변입니다. 시를 쓰는 사람들만이 저의 시를 읽는 것보다 난해하지도 않고 메타포(metaphor)가 충만한 작품으로 평범한 독자 분들이 저의 시를 즐겨 읽기를 바라는 마음에서 시를 써 왔고 이제 7번째 시집을 상재케 되었습니다.

부끄러움 가득하나 저의 시를 즐겨 읽고 사랑과 격려를 아끼지 않으셨던 독자 분들께 진심으로 감사를 드립니다.

절필이라는 처절한 싸움을 이겨내며 또 다른 시 밭을 가꾸게 한 원천이 무엇이었던가를 생각한 적이 한두 번이 아니었습니다. 절필의 고비를 넘긴 저의 시, 시라는 신비감에서 벗어나서는 하루도 살아갈 수 없는 이방인이라는 생활여건이 저에게 시라는 것을 쓰게 한 용기였다는 생각을 할 때가 한두 번이 아니었음을 고백합니다.

시를 쓴 지난 25년의 세월 저의 시가 아파서 울고 있기에 그 울음을 멈추게 하고자 시라는 것을 계속 쓰고 있지만 언제 저 시의 울음을 멈추게 할지 멀고멀기만 한 현실이 눈물로 승화되고 있습니다.

7집을 상재하면서 뜻밖에 추천사를 써 주신 45년간의 은사님 학술원회원이시며 고려대학교 석좌교수이신 김동기 박사님께 무한한 존경과 감사를 드립니다.

저명한 한국문단의 거목이신 김봉군 전 가톨릭대학 문과대 학장님이시며 평론가협회 회장님이 저의 청을 선뜻 받아들여 귀한 평전을 써주셨음은 저의 허접한 작품 세계에 크나 큰 영광으로 간직코자 합니다.

이어 모든 어려운 여건에서 시집을 출간해 주신 크리스천문인협회 심혁창 상임이사님이 원고 교정, 우송 관계 등 어려움을 극복하면서 과분한 시집을 출간해 주심에 무한한 감사의 말씀을 드립니다.

독자 제위님들의 끊임없는 사랑과 격려와 지도를 바라는 마음 간절하며 해 넘어가는 로키산맥 또 넘고 넘어서 태평양의 파도소리가 멈추어질 때까지 명시인의 꿈을 안고 정처 없는 방랑의 길을 헤매려 하는 진솔한 마음을 피력해 봅니다.

아울러 언제나 변함없이 옆 자리에 앉아 발표될 작품 한 점 한 점을 꼼꼼히 챙기며 문맥 등을 점검해 주며 행여 실수를 걱정하던 저의 집 친구의 깊은 애정에 특별한 마음을 놓습니다.

로키산 밑 우거에서
민초 이 유식 시인

추 천 사
上善若水의 詩心
맑고 고운 영혼의 노랫가락

김 동 기
(고려대 석좌교수, 대한민국학술원 회원)

　이유식 시인은 경영학을 전공한 사람으로 캐나다로 이민을 가서 사업가로 성공한 기업인이다. 이런 그가 시심(詩心)을 잃지 않고 지금까지 시작(詩作)에 몰두하는 것을 보면 그저 놀라울 뿐이다.

　이미 해외 거주동포 시인으로 고국 문단에 데뷔한 이 시인은 '민초(이유식 시인의 아호) 해외 문학상'을 제성하여 해외 동포 중에서 문학적 소질이 있어 우수한 문학작품을 발표한 분을 골라 문학상을 시상해 오는데 대해서 필자는 아낌없는 찬사를 보내고 싶다.

　칠순을 넘은 나이임에도 불구하고 문학작품의 창작에 열중하는 모습은 마치 학업에 열중하는 젊은 학생을 보는 것 같아 부러운 마음과 더불어 존경심마저 불러일으킨다.

　사업가로 성공한 이유식 시인이 인생의 결승점에 도달하는 과정에서 본인이 느낀 삶의 가락이 어찌 이 시인 한 사람에 국한된 영혼의 소리이겠는가.

중국의 노자(老子)는 '상선약수(上善若水)'라고 했다. '최고로 좋은 것은 물과 같이 되는 것이다'라는 뜻이다.

먼 타국 땅에서 고국을 그리는 향수는 바로 이 시인이 물과 같이 되기 위해 삶의 참 뜻을 찾고자 노력하는 영원한 구도(求道)의 자세이기도 하다.

유창한 영어 구사력 못지않게 모국어를 잘하는 이 시인의 시는 간혹 무디고 고지식한 표현이 눈에 띄지만 오히려 수십 년의 이국생활 속에서도 모국어에 대한 사랑으로 느껴지는 또 하나의 매력이기도 하다.

이 시인의 열정에 아낌없는 격려와 찬사를 보낸다. 아울러 독자 제위님들이 이 시인의 시를 읽고 그의 생존의 지표와 철학을 의미 있게 통찰하시기를 바라는 마음이다.

일곱 번째 시집을 상재한 이유식 시인에게 무한한 박수와 건승을 기원하며 간단한 추천사에 대한다.

목 차

제1부
그리움의 저편

2015년 4월 캘거리 한인회관에서 캐나다 전역에서 65세
노년 동료들이 한자리에 모였다. 이날 필자는 조국을 염려
하는 마음에서 '너를 보는 마음'이라는 시를 한 편 낭송했다

러시아 클레물린 궁:뒷편에 푸틴 대통령이 있는 집무실이 있고
왕별이 언제나 빛을 발휘한다.

너를 보는 마음

어찌 해야 하나
보면 볼수록 보이지 않는 너의 모습
세계 속에 우뚝 선 너를 보고자 하건만
보면 볼수록 참담한 한숨을 쉬며
보이지 않아도 보고 싶고 알고 싶은
너의 찬란함을 보고자 울었노라

모든 것이 처음으로
태조에 세상이 열리는 모습을 보고 싶고
성실과 능력이 인정받고
파아란 침묵이
별빛으로 반짝이는 우주 속의 너를
보고 또 보고 싶어 하노라

사랑과 진실 정직이
활화산으로 터져 올라
삼천리금수강산에 용트림을 하는 모습
보고 또 보아도
듣고 또 들어도 싫증이 나지 않는
너를 보고 싶어 하며 목 놓아 울었노라.

산 산이여

산 산이여
나는 산이 되고 싶다
변함없이 굳건히 서 있는 산이 되고 싶다
계절 따라 겉으로는 변해도
속으로는 내 지조를 지키는 산이고 싶다

뭇 사람들이 그 깊이를 모르는
그러나 내 마음의 순리를 사랑하며
기쁨도 슬픔도 없으며
어느 누구를 기다리지도 않는 나이지만
사람들은 나를 찾아와
야호야호를 외치기도 한다

나는 누구에게도 서러운 사연이 없다
서풍도 불어주고 폭풍우가 불어와도
잎새들은 솟아나고
하늘을 향한 내 영혼은 숨을 쉬는
온갖 새들과 동물들이
삶의 둥지를 트는 산이 되고 싶다.

나의 조국

아침 햇살
밝혀주던 새떼들
석양을 향해 날갯짓을 했다
허공 속에 뿌리 내리던 억새풀
하루 해 저물어 가는
불협화음의 난타
꽃도 피고 세월도 가고
천차만별의 화음
이래도 저래도 좋은
나의 조국 좋은 나라
오! 대한민국.

因緣의 香氣

나이아가라 폭포를
가는 줄에 의지하여 천상에서 곡예를 한다
나는 그 밧줄에서 떨어지지 않으려고
밧줄에 내 몸을 의지했다.
팔딱이는 나의 심장을 이 세상은 모른다

그리움의 실타래 끊을 수 없는 너와 나의 인생사
그 끈을 잡고 전율을 하는 나는 너를 미워한다
밉다 밉다 미워
내가 너를 아쉬워함은 그리움 때문일 것이다

만나지 않아야 할 그 많은 사람들
지금은 어디에서 깔깔거릴까
아니면 요단강을 건너갔을까
내 귀밑머리는 희끗희끗 생의 시름을 달래는데
불러도 대답 없는 오로라가 웃고 있다

내 가슴 속에서 숨 쉬고 있는 너를 기억하지 않으련다.

우울증

가졌던 모든 것
소리 없이
소식 없이 어디론가 사라져 갔네

잡으려 몸부림쳐도
세월을 잡을 수 없듯이
생존도 사라져 가는 저 하늘 너머

가지 않는다는 사람도 떠나고
가지 말아야 할 사람도 떠나간
망각의 공포

자욱이 낀 안개
저 안개의 불빛은 찬란한데
아슴아슴 떠오르는 사람은
그리움으로 불어오는 바람일세

공허히 들려오는 사람들의 목소리
고난의 실타래로 이어지는 눈물을
치매 환자로 환생하는 길을
내 어찌 몰랐던가.

한인의 날 제정선포에 따른(축하 시)

맥박이 뛴다
오대양 육대주에 700만 한민족의 맥박이 뛴다
망망히 푸르고 푸른 하늘과 海原이 마주치는 곳
그곳에 민족의 정기가 흐른다

어디에서나 흰 옷 입은 배달겨레의 핏줄
백두산과 한라산 정상에서 피어난 무궁화 꽃
지구촌 곳곳에 곤칠기 같은 웅비의 날개가
펼쳐지도다

오늘 2007년 10월 5일
이 날은 700만 해외 동포들의 날
어디에서 뿌리를 내렸든 5천 년의 역사의 함성이
오늘로 이어지는 삼천리 금수강산이 여기에 있다

돌 벽으로 쌓여 있는 하이얀 오솔길 너머
슬기로운 지혜로 파도치는 그 역사
끈기와 인내의 활화산으로 승화되는 단군의 자손
영원히 반짝이는 별이 되리라

700만 동포의 동포애와 민족애는
떠나온 조국강산의 불사조 되어 울어주며
세계 속에 일등 국민으로 우뚝 서는 하늘
끝없는 광야에 아지랑이 꽃으로 피어나리

오! 나의 조국 나의 민족이여!
남과 북 해외동포가 하나 되어
하나로 살 지울 한민족의 얼을 보아라
억만 겁의 번영의 무지개 꽃 영원을 노래한다.

주 : 모국정부에서는 해외 동포 700만을 위하여 2007년 10월 5일을 해외동
포의 날로 제정 선포한답니다. 이에 재외 동포재단 이구홍 이사장님이
이날을 축하하는 뜻에서 한편의 시를 상재해 달라는 요청이 있었습니
다. 상기 작품은 이 날을 영원히 간직하고 영구히 보존하고 길이길이
기리기 위하여 발표된 작품입니다 회원님들과 독자님들 우리 이 날을
교민사회 발전과 선진 조국의 앞날을 기원하면서 다같이 음미하시기 바
랍니다.

행복과 불행

행복과 불행이 찾아오는 길은
많기도 많다오
그 빛깔 무색무취 무미한 것 같지만
빛깔 속의 참맛은 천양 각색일 테지요
그 아련한 냄새에
인류는 제 각각 자기에게 알맞은 조건을 찾아
생의 의지를 불태우며
행불행을 노래하겠지요

인생은 행과 불행이 언제 왔다가 떠나는지 알지 못하며
오늘에 안주하면서 살아가고
나의 독백은 눈물로 맺어진 그리움이랍니다

진정 행복을 꿈꾸고
불행에 미소 지을 수 있는 세상은
우리에게 오지 않는지요
죽음 앞에 초연히 옷을 갈아입는
나 자신의 용기를
보여주고 싶은 밤은
또 오고 있답니다

세월의 그리움이여

세월이 간직한 꿈은 그리움이다
그리움은 언제나
세월 속에 잠이 들어가고
여운을 남기고 바람으로 불고 있다

그리움을 향유하는 달빛
그 연속성 상에 절망과 희망이 있다

사랑을 갖는다는 것
잃어버린 잔영의 눈물들이
승화되는 고독의 울음소리로 들리더라

내 맑은 영혼 속에 움트는
그리움은 무엇을 말하는가.

환몽 1

너를 보면
내 영혼은 황홀한 꿈길을 걸었었지
너를 보면
망각된 이성과 동물의 심정이 되는 나는
초봄에 파릇파릇 솟아나는 잎새가 되었다가
장대비로 쏟아지는 눈물을 흘렸었지
나는 알고 있었어
아득한 그 옛날부터 인연의 꽃불을
성황당에 촛불을 밝히고 빌고 빌면서
바람으로 울고 있는
내 영혼을 보았었지
내가 너를 귀여워함은
너의 모습이 너무나 무서웠기 때문이었어
그러나
나는 알았었지
지금부터 내 인생이 다시 시작되는 것을
사랑해선 안 될 사랑을 함은
환몽 속에서 살아야 하는 산고로
무작정 꿈속을 걸어보는 이 한밤임을.

환몽 2

옛날 옛적 정든 고향에서
우리 집은 大農을 경작했는데
그 때 우리 집에 일을 하던 머슴
가을이 되면 쌀 12가마니 일 년 사경이라며 받아갔었지
때는 1950년대
그 머슴과 나는 언제나 겸상으로 밥을 먹었는데
그 머슴 도련님이라 하며
자기는 마음씨 고운 가수 댁과 결혼을 하고 싶다 했지
나 그때 이 머슴 무슨 말을 하는지 몰랐었는데
지금 그 머슴이 찾던 가수 댁이 어떤 여자일까를
생각하며 세월을 주워 보았더니
나는 대머리에
얼굴 주름살이 그때 그 머슴과 같고
이방의 모퉁이에서 허우적 허우적
일 년 열두 달 밥줄을 찾아 머슴 짓을 하고 있으니

지금은 그 옛날이 된 사연들 더듬으며
돌고 돌아가는 세월 많이도 흘렀다는 마음으로
오늘 우연히 그 머슴을 상기하는 나는
밥상을 같이하며 도련님이라 부르던 그의 마음

인물은 없어도 좋고 마음씨 착한 여자면 좋다는
그 임의 목소리 나의 뇌리를 엄습함은
會者定離인가 空手來에 空手去인가
싸하게 불어주는 모자익한 異邦의 바람소리
눈 크고 피부 색깔 배꽃같이 하얗고
콧날이 우뚝 선 백인 여자
백화점 모퉁이에서 내가 가는 점포에서
자꾸만 마주치는 그 여자
그 백인 여자와 옛적 우리 집 머슴을 소개하고픈
얄궂은 심정
환몽 속에 살아가는 인생살이도 재미가 있다며
하늘을 보며 낄낄 웃고 있는 나는.

회억의 바람소리

허이 허이
거기 누가 있었던가
아득한 길 왔던 길 뒤돌아보니
척박한 땅은 그대로인데
눈물이 가득히 고였구려

얼굴 색깔 희고 붉고 거무튀튀하고
변화무쌍한 형태는
잡풀 같기도 하고
헤일 수 없는 마음의 파도 소리
달빛 그림자로 수놓는구려

모든 것 멋지게 모자익한 문화의 발상은
바람결에 스치며 삐꺽삐꺽하니
무서움 가득하도다

황혼의 노을은 소리 없이 잠들고
엉겅퀴 풀잎들의 메마른 목소리
그리운 곳 찾아가도
높은 산 바다의 깊이는 그대로일세.

흔적

아무리 씻으려 해도
아무리 지우려 해도
지워지지 않는 발자국
어이하란 말이냐
어이하란 말이냐
70억 인파의 희로애락의 발자국을
어이 너는 모른다 하느냐
나의 발자국은 너의 발자국
그 흔적의 자취는 언제나 투명한데
바람도 불고 새들도 날아가는 저 창공에
7곱 빛깔 무지개는 찬연히 빛나고
너와 내가 떠난 빈자리의 흔적
홍건히 눈물만 고였구나
가자 가자 발자국 흔적 남기지 않는 허공으로
구름과 벗하며
먼 산에서 서걱이는 바람소리 벗하며
어디론가 떠나자
언젠가 뿌려둔 발자국 밟고
다시 찾아갈 너와 나의 길을 찾아

천상의 바람
가보지 못한 천상에는 어떤 바람이 불어줄까
그곳에도 기쁨과 슬픔이 응어리진 바람이 불어줄까
숨을 멈추고 하늘을 본다

보이지 않는 막막한 하늘
저 너머에서 불어주는 바람을 음미하며
풀잎 속에 맺힌 이슬 꽃을 보았다

시냇물 내 가슴 적시는 정염의 노래
강물로 흘러가는 아득한 전설을 어루만지며
당신의 품에 안기어 시름을 달래는 나는
집으려 하면 하늘로 날아가는 내 의지를
붙들려하면 영원히 떠나가고 마는 생존의 진리를
하늘 속에 피어난 바람은 알고 있기에
인연처럼 흘러가는 바람을 보며
변함없는 너의 마음속에 나의 생존을 의지하건만
하늘 위의 바람은 보이지 않고 서럽기만 하다.

희망의 노래

어쩔 수 없는 게으름에
불타는 사랑의 씨를 뿌려라

떠나기 전 회한이 없는
이름 없는 이슬방울처럼
바람이 불면 정처 없이 떠나라

타지 않는 것을 믿지 마라
넘쳐나는 술잔에
몽롱한 의식의 욕망의 외침은
들꽃은 웃으며 손짓 하리

흐르는 강물에도
속살 속에 남아 있는
생존의 찌꺼기들을 보며
너는 울고 있지 않느냐.

새 길

아득한 옛날을 뒤적이며
새 길을 찾아간다
그곳 새 길에는 아무도 없는데
왜 새 길을 찾아 나섰는가 후회를 한다
아마 찾아도 찾아도 찾지 못할 길은
저 만큼에서 정적을 울리고 있는데
나는 잊어버렸던 길속에서
추억을 만져본다

미궁에서 반짝이는 화경 같은 눈동자
그 눈동자는 나를 조롱하며
왜 새 길을 찾느냐고 킬킬 웃으며
멍청이라 한다

잊어버린 모든 것을 만지며
나는 추억 속에 잠들어 간다
아무도 나를 보는 사람은 없고
사라진 공간에는 눈물만 주룩주룩
빗물이 흘러가는 것도
새로운 길을 찾고
잊어버린 추억에 매몰되어 가는
바람소리는 멈추지 않고 있었다.

새 날을 맞이하며

잠을 잃은 사람이
새 날의 밝아오는 찬란함을 볼 수 있음은
그리움을 빛내어 주는 빛이 있기 때문이다

잠을 잃은 사람이
지난밤의 꿈과 희망의 실타래를
새 날에 펼치려는 창공은 아름답다

잠을 잃은 사람이
이 세상에 새로운 씨앗을 뿌리며
하늘과 포옹을 하기에 태양은 뜬다

오늘도 어제와 같이
잠을 잃은 이 아침에
새들은 집도 짓고 창공을 날고 있구나.

소유하지 않는 사랑

우주의 모든 것이
내 것이라 해도
내가 너를 가질 수 없음은

사랑
그 사랑
소유할 수 없는 그리움이여라

소유할 수 없음에
더욱 귀하고 아름다운 사랑
그런 사랑하나 갖고 싶어라

나의 영혼 속에서 잠자는
언제 찾아올지 알지 못하면서
나는 오늘도 기도를 한다

또 봄꽃이 흐드러지게
피었다가 떨어지는구나.

멀고 먼 당신

인연의 향기 멀기만 하다.
나는 자리이타自利利他라는 말의 뜻을 되새김해 본다. 나
도 이롭고 당신도 이로운 사랑 그 사랑을 찾는 당신은
어디에 있을까.
멀고 먼 당신 그 당신을 안고 멀고 먼 당신을 본다.
하늘만큼 닿을 수 없는 생존의 빛,
과연 당신은 어디에 있는가.
멀리 있는 당신은 그립기만 하다.
나와 당신과의 이타의 변곡점에서 가변의 진리는
가슴을 저며 온다.
멀어졌다는 것은 가까워짐이라는 위안을
가볍게 어루만지며 세월을 주워 모았다.
사람들이 지나간다. 바람이 불어온다,
하늬바람이 북쪽으로 불어 준다. 새들도 날아간다.
모든 것은 변화하는 자연의 이법인지
신의 이법인지 나는 모른다.
내 눈이 어정쩡하게 모든 사물을 볼 수도 없고
음미할 수 없는 착각의 망각 속에
점점 죽어가는 바람 소리는 멀기만 하다.
아마 당신의 목소리도 멀리서 나를 부른다.

생존의 빛이 까마득한 당신의 가슴에서 살아가는 것을
보면서 슬퍼하는 나는 갈 길을 잃었다.

멀리 있어도 나도 좋고 당신도 좋고
내가 당신을 사랑도 하고 그리워도 하고
당신도 나를 사랑도 하고 그리워하는
그 아득한 억겁의 세월 속에 나를 묻어버리고 나면 나는
이렇게 나 자신을 저주하면서
허탈한 하루를 넘기며 울어 본다.

소리 없이 내리는 눈보라는 어디로 갈까.
이제 봄이 오는 계절이 변하는 나에게 이로움을 주고
당신에게도 이로움과 사랑을 주는 길을 찾으려 하나
이는 이백과 두보가 만나 술타령을 하는 낭만의 노래다
오! 멀고 먼 당신은 어디서 하품을 하는가.

곡비哭婢의 울음소리

권천학 시인의 신작 시집 노숙을 받았다.
현대문학으로 등단한 권 시인은 한국 문단에
널리 알려진 중견 여류 시인이다.
나는 이 시집에 곡비란 시어를 음미해 본다.
곡비의 뜻은 남을 대신해서 울어주는 울음을 말한다.
나는 생각을 한다. 사람들이 살아가면서 남을 대신해서
울어주는 자는 시인밖에 없을진대
현재의 시인은 남을 대신해 울어주고 있을까?
하는 점에 의문을 남겨주며 주어진 현실 사회에서
구도의 길을 걷지 못하고 있으며 울어주려고
시도치도 않은 무기력함의 안타까움은 나만의 생각일까.

나는 다음과 같은 울음을 울면서 곡비의 시를 쓴다.
대한민국 국회의원들의 무능과 파렴치한
삶의 울분을 느끼며 울었고
해외 동포 일천만 명의 정체 확립을 생각하며 울었고
김지하 시인의 오적 시를 찬미하며 울었고
해외 동포 사회의 오적은 무엇일까를 음미하며 울었고
남을 대신해서 울어주지 못하는
위선의 시인이 되어 울었고
거지같은 감투를 쓰고 꼴값 떨며 감투 자랑하는 파렴치

한들을 보며 울었고
또 누군가 내 뒤에서 협잡과 모함으로 내 등에 칼을 꽂
는 자가 불쌍해서 울었고
조그마한 자기의 잘못을 인정하고 반성하는 사람들을
존경하며 울었고
아니, 나 자신을 울지도 못하는 나를 보며 울었다.

아니야, 아니야. 나 자신을 위하여 울다가 울다가
지쳐서 울지도 못하는 내가 된 세상에서 살아가고 있는
것이 나이기에 참된 시인이 되지 못했기에 엉엉 울어도
보았다.
그래서 나는 나 자신을 위하여 나의 알량한 양심을 위하
여 자위하려 한다.
남이 뭐라 하든 시인은 사회정의와 진실을 찾아서
남을 위하여 울어주려는 시늉을 하며 매일 밤낮으로 가
슴에 피멍이 들고 살갗에 문신을 새기는 것이 시인이라
는 생각으로 궤변을 늘어놓으며 울고자 한다.

인간사에서 자신을 위해서 울지 못하는 현실은
남을 위해서 울어주는 사람을 바보라 하지만 그래도 시
인은 곡비가 되려고 노력함에

생존의 희망을 걸고 운다, 울어.
저 암흑과 같은 아비규환의 사회 척박한 땅, 협잡과 잡탕의
인간사의 틈바구니에서
연전에 받은 서울대 명예교수 오세영 시인은 그의 시 '바닷가
에서'라는 시제에서 살아가는 것이 높고 가파르거든 부서진
파도를 보라 했다.
나아가 사는 것이 어둡고 막막하거든 바닷가에서 해 지
는 모습을 보라 했고
또한 살아가는 것이 슬프고 외롭거든 아득히 멀리 홀로
떠 있는 섬을 보라 했다.
끝으로 스스로 자신을 감내하는 자의 의지가 거기에 있
다 했다.

나는 이 시를 읽으며 이 시는 나에게는 전부가 곡비가
된다. 시가 곡비가 되게 하는 현실은 언제나 우리 주변
을 맴돌고 있기에
한분순 여성 문학인 협회 이사장은 그의 시집 〈서정의
취사〉에서 늦게 찾아오는 이는 언제나 서러운 눈빛이고
엉겅퀴 풀어놓고 지새는 밤은 내 가슴을 갈기갈기 찢어
낸다 했다.

나는 어제도 오늘도 내일도 시대상에서 주어진 현실에
서 감동을 줄 수 있는 곡비가 되어 울어주려 한다. 그러
나 내 시가 일상에서 휘몰아치는 모자익한 진정한 곡비
의 울음임을 세상은 알지 못하기에 나는 운다. 울어 정
처 없이 운다. 울어 풍천노숙을 하는 곡비가 되어.

사람을 좋아 했었네

사람이 사람을 좋아함이 죄가 아니기에
나는 사람들을 좋아했네.
좋아하면 할수록 떠나가고 멀어져 가는 사람들을
보면서도 나는 사람을 좋아했었네.
가끔은 사랑이 무엇이며 사람이 사랑을 하지 않고는 살아
갈 수 없음은 남녀의 관계만이 아니라는 상상도 했었네.
자연 돈 문학 미움과 고움으로 아롱지는 사람들,
좋아할 것이 어이 이리 많은가를 생각하며 웃어도 보았
네.
새벽잠 설치며 구멍가게 식품점에 나아가 동전을
만지는 사람, 컵라면으로 점심을 때우고 팀 호튼 커피
한 잔에 하품을 식히며
비시시 웃어주는 그녀를 좋아했다.
합기도 태권도로 국위를 선양하며 수련생에게
인성교육을 시키는 그 남자,
카페에서 점심을 설치며 땀 흘리며
고객 음식을 만드는 그녀,
구둣방에서 몸을 파는 백인 여인의 하이힐의 굽을
높여주는 그 남자,

그 남자는 조국의 대기업의 임원이었으나
땀 흘리며 구두를 수선하며 해맑은 웃음을 웃는
그런 사람을 존경했었네.
끝없는 지평선에 차를 달리며 나그네 생활 서러워
눈물을 흘리는 그 사람을 좋아했고 로키의 오미호에
꽃을 피우며 고독을 노래하는 그 사람,
사슴 떼와 벗을 하는 그 사람,
골프채를 휘두르면서 불만을 털고 있는 그 사람,
아니 또 있네, 창녀와 같은 '잔느 비발'을 사랑하며
한 평생 살아간 '샤를 보들레르.를 좋아 했고,
독일에서 출생했으나 유태계의 핏줄을 자랑으로
생각하며 게르만 민족들에게 인종차별을 받지만
서러워하지 않고 시를 쓴 '하인리히'를 좋아했고
조국의 보릿고개를 잊게 해 준 박정희 대통령을
좋아했고. 북한 삼대 세습으로 고난과 죽음을 맞이하는
북한 동포들을 사랑했었네.
나는 이런 여자를 좋아했었네.
값싼 제품을 찾아 헤매는 여인들,
좋은 옷 사 입고 멋도 낼 만한데 나보다 못한 사람을 생
각한다며

근검절약으로 살아가는 그런 여인들을 보며
그런 여인들을 좋아하고 사랑도 했었네
항시 착하고 건실하게 살아가는 동포 2세, 3세들을
사랑했고 길가에서 만났다가 헤어진 눈이 큰 그녀,
옥을 굴리는 듯한 그 목소리 언제나 나를 좋아하고 존경
한다는 그녀를 좋아했었네.
아아! 어이 이리 좋아할 사람들이 많은지
인생살이 모든 것이 긍정으로 환원을 하니
좋은 것만 보이는 이 세상이
살아갈 만도 하다는 생각을 하며
낄낄 웃고 있는 나 자신을 제일 좋아한다네.

영원한 기다림

기다림의 아름다움을 모르면서
오늘도 길을 걷고 있습니다
기다림을 느끼며 살아가는 사람만이
기다림은 영원한 사랑으로
승화되는 눈물이라는 것을 알고 있습니다

그렇듯 정처 없이 뿌려주던 눈보라도
어디론가 사라지고
맑은 하늘에 수없이 떠 있는 별들 속에서
당신을 찾는 사랑의 별을 만나는 날
영원한 기다림의 향기를 어루만지면서
당신을 만난 기쁨으로 울어야만 했습니다
사랑과 고독을 만지며 살아가는 사람들
인연의 끝자락의 매듭을 풀어 보려는
허망한 오늘도 여명의 햇살을 먹으며
인고의 생존을 사랑으로 간직하며
대양의 속에 섬 하나로 떠 있는 나를 봅니다
기다림은 허무의 종소리임을 알면서.

외로운 사람들이여

외로움은 누구나 간직한 꿈입니다
외롭다 하지 말고 하늘을 보소서
때로는 먼 산을 보고
산 속의 나무들과 이야기를 하십시오
행여 멀리서 누군가 휘파람을 불며
내 마음을 찾아오면 눈물을 보여 주십시오
외로움은 이런 사랑으로 꽃이 피어난다고
고요히 나의 순애의 생존을 고백하소서
가끔은 하늬구름과 같이 흘러도 보고
밤이면 외롭다 말을 하지 않는 나의 별 하나를 찾아서
무한의 대화를 나누어 보십시오
그곳에 진실된 그리움이 있습니다
그리움이 사랑으로 변해 갈 때에
실컷 울어보십시오
그 울음소리는 새들의 노랫소리로 시공을 날아가고
당신과 나의 외로움은 기쁨이라 합니다
나 이 밤 잠이 없는 깊고 깊은 이 밤
임을 찾아가는 정처 없는 발길을 당신의 가슴속에 묻고
눈물 흘린답니다
나의 외로움은 당신의 외로움이기에.

제2부
동토의 나라 러시아

모스코바대학 앞에서

바이킹 유람선 여행중 모스코바 가정집을 방문하여 러시아의 개인 가정집 생활을 볼 수 있었다. 점심은 러시아 빵, 소시지, 차, 보드카 술이었고 피클 등과 쿠키였다. 스프 등 음식물이 너무 짜서 필자의 식성에는 맞지 않았다.

러시아란 나라

어이 잊으리
내 눈 안을 뱅뱅 돌고 있는 모스코바의 모습들
문화 예술 사람
클레물린궁의 왕별과 곰 백화점의 상품들
유유히 흐르는 모스코 강
5만 명의 영재들이 모여 러시아의 미래를 짊어지고
연구에 전념하는 모습들
멀고도 가까웠던 그 땅의 무한한 잠재력
황금빛 단풍잎으로 물들어 가는데
나는 너와의 먼 곳에서
그리움에 손짓을 하누나

먼 곳에서 보이는 것은 더욱 아름답다 말을 할까
너의 숨 막히는 역사 예술 문화전통의 날개
줄기찬 투쟁의 빛깔
어이 이리 충격으로 다가와 나의 심장을
다듬이질을 하는지
190여 민족의 모자익한 사람 냄새

그곳에서 피어난 꽃은
푸틴 대통령 집무실에 불을 밝히고
어둠에서 피어나는 저 파열음의 빛깔들을
어이 잊으라 하는가

황혼녘에 찾아간 이름 없는 나그네의 발길
별 그림자는 외로이 떠
내 심장 속 생존이 샘물처럼 솟아나는 환희
어두움을 깁는 실타래 풀 길 없는 축포의 노래
그리운 바람처럼 볼가강에서 불어주고
푸시킨의 사랑의 눈물처럼 인류에게 위안을 주는
톨스토이의 초라한 무덤 위에 놓인 장미꽃 한 송이
하늘은 어이 저리 높기만 하며
심해에서 하늘거리는 해초는 누구를 닮았을까

오 볼쇼이 대극장의 발레리나들이여
영원하라 영원하라 인류의 찬란한 영광을 위하여
그믐밤 내 베갯잇에 잠드는 그리움처럼.

라도가 호수

라도가 호수의 갈매기 울음소리
스비르 강에서 왔더냐
부오크사 강에서 왔더냐.
네바 강에서 만난 인연/ 여기까지 와서 너의 품에 안겼
노라.

철썩이는 파도 소리는
대양에서 손짓하는
내 몸을 껴안은 두고 온 조국의 노래
이 밤도 별이 되어 떠 있고
내 마음을 서성이는 노을이어라

꿈일까
생시일까
부족하기만 하던 생존의 뒤안길
여기까지 흘러온 나는
동구 밖 갈래머리 땋은 촌 처녀에게
세속의 그리움을 전하노라

전쟁으로 죽어간 2천 7백만의 영혼
이 민족의 수난사를

누군들 알까마는
여명에 찾아온 서러운 눈물
낙화여라
풀벌레 울음이어라
물들어가는 자작나무의 흰 머리털
아득한 역사 속에 전설의 꽃을 피우는
그 장엄한 문화와 예술
영원하라
찬란하라
흰 구름 저 너머에서.

주 : 시작의 산실
라도가 호수는 러시아에 있는 유럽에서 제일 큰 호수입니다. 이 호수에
관하여 좀 더 상세히 알고 싶으신 독자님들은 에세이 방을 클릭하셔서
민초의 러시아 여행기 여섯 번째를 읽으시기 바랍니다.

푸시킨을 그리며

당신은 아는가
어느 먼 곳에서 찾아왔던 인연이
생존의 폭죽으로 터지며
은은히 풍겨주는 당신의 향내를

당신은 아는가
내 마음 깊고 깊은 곳에
눈물로 간직했던
지난날의 기쁨과 당신의 향내를

당신은 아는가
지금은 영영 멀어져간
당신의 환영을 영원히 간직하고
하루하루를 살아가는 나를

당신은 아는가
내 사랑의 깊이를
내 눈물의 깊이를
사랑의 기쁨이 고통으로 변할 때
내 조국 내 동포는 멀리 있음을

오! 내 사랑이여
내 그리움의 깊이여
당신 마음의 깊이여
풀벌레는 소리 없는 울음을 울면서
멀고 먼 길을 떠나는데.

센트피터스버그 푸쉬킨 동상 앞에서

러시아의 자작나무 여인

나는 한 여인을 그리워했네
자작나무 우거진
러시아 넓은 대륙을 거니는 여인을 보았네

자작나무 사이사이
가을빛에 물들어가는 단풍잎은
내가 그리워했던 바로 그 여인이었네

노오랗게 물든 여인
창공을 날며 러시아를 자맥질하며
티 없이 맑은 웃음을 흘리는 여인
그 맑은 잎새의 영혼을 그리워했네

초가을의 문턱
지구의 칠분의 일을 가진 땅덩이
그 땅덩이에서 나를 보며 손짓하는
가녀린 청순한 바람을 보았네

잡힐 듯 말듯
보일 듯 보이지 않는 바이칼 호수 같은 눈동자
지구가 자작나무 단풍잎 속에 덮인
자작나무 같은 여인을 그리워했네.

그리운 이 있어

그리운 사람 있으면
여행을 떠나자

먼 곳에 제트 비행기 날아
모르는 곳 공항 대합실을 적시고
만남과 기쁨에 안개비를 뿌린다

하늘 높은 곳에 그리운 이 있어
그리움이 샘물처럼 솟아나는
창공에 그리움 휘날리고 어디론가 떠나자

희망과 환희 속의 만남은
잃어버린 꿈을 찾아
이방을 헤매는 보헤미안의 넋두리
이름 모를 여인의 웃음이다

그리운 이 있어
그리운 사람 찾아
갈 곳 모르는 행선지에 내 마음 수놓고
너와 나와 둘이만 아는 길을 찾아가자.

그렇게 오십시오

낙엽 밟으며 오십시오
꼬불꼬불 오솔길 따라 그렇게 오십시오
오시는 길 힘이 들면
옛 추억의 실루엣을 더듬으며
가을바람에게 등을 밀어 달라 하십시오

행여 단풍잎 하나
나목에 걸려 웃음 짓거든
부엉이 울음소리 벗하며
은하수 속에 잠들어 있는 강물 흐르는 소리 들으며
야생화 피는 들녘을 따라 오십시오

걷는 걸음걸음
귀뚜라미 미소 짓는 곳
단풍잎 밟히는 소리 듣거든
높고 푸른 가을하늘을 보며
멀리서 들리는 기적소리를 벗하며 그렇게 오십시오

동구 밖의 개 짖는 소리
오곡이 익어가는 황금벌판에서
메뚜기 떼들과 어울려 춤사위 추며
그렇게 그렇게 이 가을과 함께
변방의 나그네를 찾아오십시오.

涯月

물레방아 돌아가는 언덕에 달이 떴다
달그림자 물레방아처럼 돌고 돌아간다
물속의 달은
계곡물을 적시며 어디론가 흘러만 갈까
바람은 저렇듯 차기만 하니
옛 임의 모습 달빛 속에서 싸늘한 웃음을 웃고
서쪽 하늘의 눈썹달은 서러워만 하는 구나

새들은 바람소리 따라 지저귀고
창틈으로 스며드는 달그림자는 물안개를 뿌리며
긴긴 밤을 지새우누나
어디에선가 산 부엉이 울음소리 들리고
함박눈이 소리 없이 임의 집 추녀 밑을 적시니
내 마음 씻을 길 없어 달과 물과 밤하늘을
벗하며 눈물만 흘리누나.

가을 小妙

가을은 어디론가 떠나간다
남겨준 한 마디 말도 없이
떠나가기에 그리움만 남는다

너도 가고 나도 가는 곳
종착역 없이 달려가는 기적소리처럼
무작정 어디론가 간다

모든 것 가지고 떠난 후의 허무는
남겨진 눈물뿐일 것이다

텅 빈 거리
텅 빈 나뭇가지
그 많고 많은 사람들도 소식 없이 떠나고
바람소리도 떠난 허공에는
떠난 곳 뒤에 남겨진 모든 것이 있다

나는 떠나간 웃음을 음미하며
찾아온 슬픔을 맞이한다

아…….
이 계절병을 어찌해야 하나.

갈대와 억새의 이야기

땅끝 마을 갈대는 땅끝 마을 갈대대로 슬픔과 기쁨을 안
고 속으로 울고 있고
내 고향 뒷동산의 억새는 승냥이 울음소리에 맞추어 제
멋대로 울고 있다

음계의 높낮음은 운명이 준 빈 뜨락의 전설로 춤을 춘다

이곳저곳을 기우뚱하며 무작정 길을 걷는 나그네들
갈대들의 흔들림을 모르며 철새 따라 높은 곳 가보지 않
은 곳을 날아다닌다
허허로운 지평선에 아무렇게나 쌓여 있는 해이 덩굴 그
모자익한 바람소리
태평양과 로키산을 넘어 억새풀로 피어나고 디아스포라
의 삶에 죽은 자의 모습을 보며
허이허이 빈손을 흔드는 사람 깊은 겨울밤 함박눈으로
휘날리고 있다.

바다

깊은 곳은 더욱 정열로 쌓여 있다
멀고 먼 곳에서 바다의 속내 같은 마음
서로서로 엉키며 호흡을 한다

섞이며 잘났다 못 났다 하는 소리
세사의 메아리로 들려오고
수심 깊은 곳에 이름 모를 해초와
물고기 떼 하늘 위에서 포효한다
물거품으로 부서지는 풍경
밤과 낮의 세월을 합장하며
바다의 깊이는 알 수 있어도
그리움의 칼날은 알 수 없는 사람의 마음
거기에 바다의 깊이가 있다.

해설 : 사람의 마음은 번뇌 속에 환경과 입장에 따라 가변의 연속이다. 오합
지졸과 섞이고 서커스 같은 곡예를 하며 살아감은 세상의 노래다. 칼
바람도 맞이하고 태풍을 소화하며 살아가도 죽음이란 숙명 앞에는 그
리움만 남는다. 도마 위에 오른 생선은 생과 사의 깊이를 저울질을
못 한다.
주 : 2012년 2월 멕시코 지와타내오 태평양연안에서 바다낚시를 하면서

반사경

나의 진심을 알고자 하면
내 눈에 보이는 파아란 하늘
하늘 너머 또 너머
내 눈 안에 아롱지는 하늘을 보며
하늘에 떠있는 뭉게구름 먹구름을 보아야지
구름은 폭풍우도 되고 장대비도 되고
천둥 번개가 으르렁 쿵쾅 섬광을 발하며
그 속에 진심이 쌓여 가고 흘러가는
하늘은 땅의 잘잘못을 보며
웃기도 하고
울기도 하는 모습을 음미한다지
위에서 보는 낮은 곳의 모습은
오합지졸들이 모여 앉아
잘났다 못났다 하니
삼라만상은 제 멋대로
춤사위를 추며 길을 떠난다 한다네.

밝음

맑고 하이얀 종이 알몸이 거리에서 춤을 추는 밝음의 빛
모든 것 볼 수 있는 속살이 있음에 신성하고 신비가 거
기에 있으리

보고도 보이지 않는 인간의 눈 그 門 안에 정의와 진리
가 있고 알 수 없는 심산유곡의 전설을 읽으며 어머니와
하늘과 땅이 있었으리

오욕의 물결이 시냇물로 흘러 정오 한때의 쨍한 햇살의
깨달음의 길은 탯줄을 끊어낼 때의 아름다움으로 울면
서 밝아옴의 깊이를 알리.

백두산에 올라

얼마나 사랑했고 그리웠고 보고 싶었던 너였던가
디아스포라의 눈물이 천지연 폭포수로 떨어지고
7천만 한민족의 통한
자작나무 사이사이
숨어 울고 있는 바람소리로 남북을 오고 가는구나

보아라
너와 나의 헤어져 있음은
억새풀들의 흔들림으로
서녘하늘에서 해 돋아날 날을 가다리며
환희 속에 울고 있는 미소일진대

억겁의 많은 별들 어디에서나 반짝이리
오늘 이곳 눈과 비가 꽃잎처럼 뿌리더니
쨍하고 햇빛으로 쏟아져
깊은 시름 눈썹달 속에 숨는구나

산아 산아 백두산아
내 불타는 심장
여기 두고 마른 풀잎 되어 나는 간다

슬픔과 기쁨
희망과 절망을 감추고
민족의 업보
신 앞에 두 무릎 꿇고 앉아
통일 통일을 달라며 용서를 빌어 본다.

뱀의 새 아침

오! 이 고귀한 새 아침이여
영원히 오지 못할 이 새 아침이여

5천여 년의 먼 길 헤쳐 온
아득한 역사와 전통
백두대간의 노래여

질곡의 서러움 돌고 돌아 찾아온
영원의 흐름이 거기에 있거늘
용솟음치는 백의민족의 정기
흰 옷 입은 소나무
바람 부는 소리
새들의 산울림소리 거기에 있었거늘
그립고 그리움에 쌓여 있는
뱀의 지혜로 뭉쳐 솟아나는
저 줄기찬 억겁의 사랑
쉼 없는 맥박의 고동소리
너와 나를 맞이하리.

사람 속의 사람

사람을 만나고자 사람들을 본다
사람을 만나고자 사람 속을 무작정 걸었다
도대체 사람이란 누구를 말함일까
나는 내 그림자의 앞을 보고자
저 마큼 앞서간 사람들을 보았다
아무것도 보이지 않아 흐르는 물을 보았고
바람 부는 소리 들었다

허공에 황금이 펄펄 날고
호롱불에 심지 불 돋우고 살판 난 세상
권력과 무당이 춤을 추는 그 아득한 곳
풍성한 싸움으로 미화되는 진실을
조각배에 싫어 태평양에 띄우고 나니
가는 곳마다 버려진 개떼들이
웅성웅성 끙끙거리며 울고 있었다.

나폴리 항

세계 3대 미항이라는 나폴리 항
11번가 산타루치아 너는 알고 있다
그 아름다웠던 전설은
병석에 누워 울고 있는 나의 임

8척의 유람선이 정박한 곳
몇 년을 작심하고 모았던 돼지 저금통의 실망
성당에서 울려 퍼지는 종소리는 먼 바다로 떠나갔다
그 애절한 눈동자
노숙자들의 한숨은 어머니의 미소

상상을 초월했던 아름다움들은
마약과 범죄 소굴의 대명사
세계에서 처음 피자를 개발한 카페
반짝이는 내 눈동자의 호기심을
산타루치아에 묻어 놓고 나는 떠나왔다

창공에 빛난 별 물 위에 담아 놓고
산타루치아를 흥얼하는 내 마음은 슬프다
오, 신이여!

티 없이 맑고 밝은 너의 모습으로 남게 해 주소서

해설 : 기대가 크면 실망도 큰 것일까. 나 오늘 멀고 먼 산타루치아를 보았다. 거리에는 노숙자들이 남겨놓은 술병과 오물, 눈을 감고 고개를 돌리고 싶은 나폴리항의 거리. 이 항구는 이탈리아의 2대 항구로 마약과 범죄의 소굴로 변해 있었다. 市의 모든 권한과 행정은 마피아 범죄단이 장악하고 있기에 상상했던 아름다움은 간곳이 없었다.
산타루치아의 거리와 항구 뒤의 산타루치아의 건물들과 성벽은 슬픔에 젖어 있었다. 세계에서 처음 피자를 개발한 전통의 피자 카페를 찾아가는 길 무섭고 무서웠던 산타루치아의 골목길 먼 산타루치아 노래를 흥얼흥얼하며 공포의 순간들을 잠을 재웠다. 아름다움으로 간직했어야할 항구, 가 보지 않았어야 할 나폴리 항이여 인류는 너의 슬픔을 알고 있다.

내 마음

퍼내어도
퍼내어도
솟아나는 옹달샘 하나 있다

흘러도 흘러도
흐르기만 하는 강물 하나 있다

잊으려 해도 잊지 못하는
그리움 하나 있고
영원 속에 간직해야 하는
사람으로 태어난 고독 하나 있다

밝음보다 어두움으로
내 마음의 아련한 꿈들

그렇게 찾아도
그렇게 울어도
찾을 길 없는 꽃송이 하나 있다.

괴테의 사랑

72세의 괴테가
18세 소녀 마리안나 본 빌레미야와
열애를 하며 걸었던 길을 걸었네

네카르 강 강물은 이들의 열애로 흘러
지금쯤 오대양 육대주에
파도를 일으켰다가 폭풍우로 쏟아지기도 하네

어느 누가 본능에서 우러나는
진솔한 사랑의 샘물을 탓하랴만
그 사랑 나도 한 모금 마시고 싶어
하이델베르크 성에 올라
내 사랑 나의 조국 나의 동포를 찾으며
고함을 질러 보았네

슈만과 브람스가 나와 피아노곡 빠삐용을 두들기니
쇼팽이 밤의 야상곡으로 나의 심금을 울려주고
하이델베르크 대학에서 배출한 54명의
노벨상 수상자가 인류의 평화와 행복을 빌며
하품을 하네
하이델베르크 대학이 나를 보더니
이 불쌍한 나그네야
너는 어디로 가느냐며 힐책을 하네

성안 깊이 고이 감추어 두었던
221,726 리터의 와인을 서러워 서러워 혼자 다 마시니
물들어가는 가을 단풍잎은
산 정상 비스마르크 동상의 어깨 위에 떨어지네

이제 내 마음은
네카르 강물 따라
외롭고 서러운 낙엽으로 굴러 밟히어 가며
언제나 푸르고 푸른
그 눈부시도록 푸르고 맑은 하늘 길에
종달새 되어 날아가고자 울면서 기도를 한다네

아아!
내 임 앞에 타오를 기다림의 향연이여
혹한의 북반구에 피어나는 아지랑이 꽃이여

주 : 하이델베르크는 16,17 세기를 거쳐 독일의 문화 예술 철학 종교혁명의
중심지로서 인구 13만 명이 살고 있다. 괴테 헤겔 막스베버칼 야스퍼스
등등 세계적인 석학이 하이델베르크 대학을 거쳤다. 31,000여 명의 하
이델베르크대학의 학생은 지금도 세계적인 석학 밑에서 공부를 하고 있
다. 이곳 성은 불란서와의 30년 전쟁에서 정복당하지 않은 유일한 성으
로 밤과 낮을 구별치 않고 싸움을 하다가도 와인을 마시는 낭만을 간직
한 성으로 유명하다. 재미있는 일화는 괴테와 마리안나가 열애를 할 때
마리안나 부모는 한사코 만류를 했으나 마리안나는 내가 괴테와 열애를
함은 가문의 영광임과 동시에 내 이름은 역사적으로 영원히 남게 되리
라고 일갈을 했다 한다. 꼭 한번 가보시라고 추천을 하고 싶다

벗어 버리고 싶다

나 벗어 던지고 싶다
흘러가는 강물에 모든 것 흘려보내고 싶다
내 그리움과 꿈의 향연도
너의 아픔을 위하여 버리고 싶다

때로는 홀로 떠 있는 서산의 조각달처럼
때로는 엉겅퀴 풀잎이 되어
때로는 그믐밤 가로등 불빛이 되어
때로는 동구 밖을 걸어오는 너의 모습을 보며
때로는 무너져 내리는 가슴 하나 깔아놓고
모든 것 벗어 버리고 싶다

까치밥이 된 홍시를 깨물고 싶을 때
너는 저 만큼에서 손을 흔들었다
그 절망의 순간에 허우적대고 너를 상상하며
바람에게 물었다
벗어 버리고 싶은 이 마음을

언제던가
러시아 중심가 볼쉐이 대극장의

발레리나의 타오르는 욕정으로 남을 간음을 하며
엄동에 피어나는 국화꽃 너를 꺾고 싶었다
욕망이 절망으로 바뀌어질 때
내 이상은 잊고 싶고 버리고 싶은 너를 만난다

이제 이 허수아비의 생존 앞에
한 줄기 희망과 빛은 조용히 눈을 감고
너를 껴안고 울고 울다가 어디론가 떠나는 허무
그 허무는 천상의 나팔소리로 환원하여
북극의 곰이 되어 동굴로 들어가는 나를 본다.

바람 깃 당겨

뒤뜰 사과나무에 바람이 나부낀다/ 내 마음도 바람 따라
불어간다/ 먹고자 하는 과일을 수확하기보다 능금 꽃을
보고자 심어 놓은 사과나무이다
짧은 봄날 그렇게 화사하게/ 나를 보고 웃어주던 그 꽃
은/ 지금쯤 어디에서 그 꽃잎 날리는지/ 소식도 없는데/
다람쥐 한 쌍 사과 알을 따 먹고자/ 나뭇가지에서 곡예
를 한다/ 머지않아 북극에 찬바람이 불어오면/ 그 바람
깃 당겨/ 바람꽃은 하늘을 날다가/ 겨울 매화 동백꽃 알
버타의 들장미로 피어나리라/ 이름도 모르는 그 여인이
좋아하던 꽃으로 피어나/ 내년 봄 할미꽃과 진달래꽃으
로 웃어 주리라.
명상에 잠긴 이 밤/ 7,500 종류의 사과나무/ 그 사과나
무 75년을 살아가면서 생산하는 사과의 수확량은 얼마
이며/ 그 사과나무의 효능은 인류에게 무한의 건강을 주
건만/ 사과에 대한 감사함을 모르며 오늘도 사과를 입에
물고/ 바람 깃 당긴다.

생존의 뒤안길에서/ 네 탓 내 탓 내 잘 났다 네 잘났다 핏대 올려도/ 게다짝이 남의 땅을 내 땅이라 도둑고양이로 날 뛰어도/ 희생 없는 애국자들/ 목에 힘을 주고 왕초라 해도/ 그 품에서 희희낙락 즐거움 찾는 칼자루 /폭염과 가뭄은 이내 심장 울리고 울려도/ 잡힐 듯 열릴 듯한 먼 마음/ 파도 소리에 울고 있는 동구 밖의 개 짖는 소리/ 저녁연기 합장을 하니/ 초가삼간 호롱불에 눈물이 고이는구나/ 분명 갈 길이 있고 가야 할 길이 있건만/ 갈 길도 가야 할 목적의식도 없는 허무는/ 어디에서 와서 어디로 흘러갈까/ 회억의 바람소리여.

바람 깃을 당기면/ 소식 없던 상사화 꽃 피어 나는 소리 들릴까/ 아지랑이 꽃으로 피어나는/ 모자익한 해이 덩굴의 외로움/ 한 생애 안고 가는 업보를/ 자랑으로 생각하는 낭인의 발길에 휘파람 소리 슬프다/ 로키산에 흰 눈이 쌓이면/ 사슴 떼들 먹이를 잃고/ 먹이 찾는 꿈 하나/ 꿈 하나 먹으며 태평양에서 파도로 울었지/ 울다가 지친 파도소리/ 바람 속으로 빗물 속으로 대양을 덮을 때/ 나는 동해 바다 남서해 항구에서/ 신라 백제 고구려를 보면서/ 선화 공주를 그리며/ 댓잎 속에서 바람 깃 당기며 바람이 되어 울고 또 울었다네.

사랑도 그리움도 왔다가 가는 저 햇살/ 내 생존의 넋/ 청잣빛 노을과 향나무의 향기로 찾아가는 이 목 마름의 허상/ 그 순애의 꽃/ 낭인의 목줄을 감으니/ 봄날만 간직했던 그 빛깔/ 종말의 문턱에서/ 절실히 불타는 반딧불 반짝반짝/ 서풍은 소식 없이 타고 있는데/ 내 가슴에 응고된 실핏줄/ 잊어야 하는 이승의 遺影들/ 절실한 생존의 허무와 고난을/ 장대비로 쏟아지는 그 비애의 오솔길/ 어디에서 안식을 찾을까/ 바람 깃은 당겨도 당겨도 당길 길이 없는데.

밝아옴의 속내

여명의 햇살이 안광의 광채를 밝힌다
서녘 산 웅장한 산그늘에게 물었다
이제 어둠이 오면 밝음은 어디로 가느냐고
누군가 말을 했다
내일 아침 동녘 하늘에 빛으로 떠오른다고
또 구군가는 말을 했다
빛은 삶과 죽음 사이를 배회한다고
나는 그믐밤 밝음을 찾아
창살에 파고드는 달빛을 음미하며 술을 마셨다
이때 가로등 불빛이 밝음으로 미소 짓는다
내 혈맥으로 흐르는 미소의 밝음을 본다
어두움의 끝자락에 숨겨둔 나뭇잎이 웃었다
잡탕밥 속에 피어나는 꽃의 화음
그 화음 속에 밝음의 진실이 있음을

이윽고 바람은 밝음을 시샘하며
언젠가 대서양 한가운데에서 풍랑의 추억이
짱하고 태양빛의 아련한 속내를 드러낼 때
뻐꾹새 울음소리 봄 햇살아 피어나는 속내를
견우와 직녀가 7월 7석에 만난다는 약속으로
빛과 그림자 사이를 맴도는 나는.

아리랑 노래의 혼

흰 색깔의 전통은 영구하다
핑크색 사랑을 찾던 빛깔
승리의 깃발을 흔드는 파란색의 노래
빨간색의 정열 장미꽃을 더듬어 봤더니
어언간 서산에 회색빛 노을이 손짓한다

무색무취 무미의 냄새를
뒤적이며 맡아 보았더니
영원한 역사의 고동소리 등대불로 반짝이며
블랙홀에 빠져 할딱이는 꿈의 세레나데
조합을 이룬 네온사인에
내 마음에 무궁화 꽃이 핀다

생존이 잠재된
사람들이 살아가는 곳
아리랑의 노랫가락
영혼을 잠재우는 전위 예술의 바다
김진명의 소설 경전 속에 숨쉬는 恨은
아득한 야망으로 꿈틀거리고

한 가지 색깔
하나의 노래 속에 춤추는
백팔번뇌의 마음을 묶어서
쾌지나칭칭 나네 쾌지나칭칭 나네
천지창조의 하늘에 자연의 이법을
나의 혼은 시름에 빠져 눈물을 흘린다.

해설 : 아리랑의 노래는 민족의 혼이다. 또한 화자의 혼불이다. 혼불이 청춘
을 불태우며 야망 속에 생존의 희로애락을 찾는 자화상을 그려 본다.
화자는 남들과 같이 멋진 생존도 성공도 못한 삶을 한탄한다. 또한
내남없이 방황하다가 좌절과 절망 속에 살아가는 민족의 혼이 화자에
게 투영되어 있다. 이 어찌 화자의 눈물뿐이랴. 번뇌의 울타리에서
희망을 찾는 단군 선조의 꿈을 그려 보는 눈물로 승화되는 저 혼불
을!

알카홀릭이 된 사람들

술에 취했다
네가 취하니 나도 취했다
너도 나도 좌우로 갈지자걸음으로 걸었다
너도 나도 먼 곳을 보기는 싫다

술에 취했다
세상이 모두 내 것이다
촛불을 밝히고 목소리가 크면
법도 정의도 진실도 어디론가 도망을 간다

술에 취했다
나는 잘 살아야 하고 내가 제일이면 된다
그 술맛이 나를 죽이지만 술맛은 좋다
의무는 시궁창이고 자유는 술이다
정직하게 살아가면 소가 웃는다

술에 취했다
피를 토하며 스마트폰에 하소연을 한다
술 중독자인 나를 누가 어떻게 하랴
구제의 길은 파멸인데
너와 내가 독버섯인데

누군들 돈의 진리를 알랴

자유에 취했다
돈에 취했다
술에 취했다

오! 먼 곳에 있는 나의 임이여.

제3부
자화상의 노래

로키산 정상:레이크루이스 호수를 낀 산 정상 해발
8,000FT에 앵거스(Angguse) 호수가 있다. 이 호수
옆에 잉키스 찻집이 있다. 산 정상 찻집에서 커피 한
잔 할 수 있는 맛! 청정호수에 내 몸을 담그고 싶다.
산새들을 벗하며…….

세계 10대절정인 Lake Louise는 수심 700m로 그
아름다움을 표현할 길이 없다. 한겨울 루이스 호텔은
꽁꽁 언다. 호수 중앙 눈 쌓인 호수 안에서 포즈를 취
한 필자

2013년 가을 바이킹 유람선(Viking River Cruise)를 타고 다뉴브 강과 독일, 터키를 여행했다..유람선에서 다뉴브 강을 관망하며 명상에 잠겨 있는 필자.

2014년 가을 바이킹 유람선 여행중 러시아의 유스로프시에서 존 합킨스 의과대학 명예교수 데이브드 박사와 기념사진을 촬영했다. 이번 여행에서 가깝게 친교를 다졌다.

나는 바보이다

내일이 오기에
오늘이 무섭게 느껴질 때가 있습니다
어제를 오늘로 회귀시킬 수 없기에
나는 오늘이 무섭고
내일이 더더욱 무섭게 느껴질 때가 있습니다
삼라만상이 저렇듯
말없는 속에 풍요와 자유로 유람하는데
내놓을 것 없는 하루
참회하지 못한 생존을 영위한 하루
신앙이 없기에 참된 신앙인을 보고 싶어 하며
남길 일 하나 없는 하루하루가
나를 슬프게 합니다
오늘 내가 무엇을 했나
나라는 존재는 무엇인가
나보다 못한 사람 없기에
무생물인 돌이 되어 굴러가는 나를 봅니다
질곡의 파노라마에
나 자신을 잊고 하루를 넘기는 나는
나 자신이 바보 시인임을 알고 있습니다
저 만큼에서 오는 석양 노을은

내 사랑 저주하며 떠난 사람들을 알지 못하며
내 사랑 그립다 찾아오는 마른 꽃송이들
벙어리 시인의 눈물을 모른답니다
나는 오늘도 내일을 맞이해야 하는
돌덩이로 굴러 가고 있습니다
나는 바보 시인입니다
나의 눈물이 당신의 가슴을 적시고 있습니다.

나만의 공간

고독은 나를 위한 것입니다
내가 없는 곳에서는
나만의 숨소리가 들리지 않는 곳에서는
나만의 존재 가치가 없는 곳에서는
우주도 없고
사랑도 그리움도 없고
국가와 민족도 없으며
나 자신도 없습니다
기러기 떼가 날아가는 날갯짓도
봄꽃 피어나는 아름다움과 슬픔도
부처님 앞에서 불공을 드리던 어머니의 모습도
나에게만 주어진 공간입니다
나만의 고독
눈 쌓인 로키산 정상에 서서
봄을 맞이하는 기쁨이랍니다
신이 주신 천형을 바보처럼 살아가다가
바람처럼 떠나렵니다
무명 시인으로 유명한 민초로 살으렵니다.

나무

비바람과 혹한이 몰아치는 광야에
높고 장엄한 나무 한 그루 서 있다
나무 위에 한 사람이 올라가려 한다
그 높은 나무 위에 올라가려 하는 사람
그 나무 위에 올라가기 위하여
얼마나 많은 고난과 외로움과 서러움 속에 살아갈까
나무 위에 올라가려는 사람을 저주치 말라
어느 누구도 나무 위에 쉽게 올라가는 사람은 없다
올라가도 올라가도 못 오를 나무이건만
나무 위에 올라가려는 사람을
흔들어서 땅 위에 떨어져 죽게 하지 말라
나무 위에 올라가려던 모든 사람들
나무 위에서 떨어져
온갖 수모와 고통 속에 밟혀 죽어도
그 나무에서 떨어진 씨앗은 영원히 솟아난다
나무에서 떨어진 검불은
대지를 살찌우고 바람으로 불고 있으리.

4월은 잔인한 달

누가 말했던가
4월은 잔인한 달이라고
잔인함을 못 잊어 말문이 막힌 이 참담한 심정
어이 너의 눈물이 나의 눈물이 아니려나
T. S ELIOT은
황무지라는 시에서
기억과 정염에서 잠든 뿌리를 흔든다 했다
그러나 죽은 땅이 다시 죽어가는 날
타이타닉이 삼켜 버린 4월 15일의 눈물
진도 앞 바다에서 들려오는 삼라만상의 눈물
왜 하필이면 같은 날짜 4월 16일이냐
유리알로 부서지는 이 눈물
아련히 솟아난 연둣빛 나뭇잎 사이로
너와 나의 눈이 마주치는 이 슬픔
어이 멀리 있다 한들 너의 아픔과 슬픔이 너만의 것이냐
은빛 물결 헤치며 흩어져 가는 이 슬픔
나는 숨을 쉬어도 숨을 쉬는 것이 아니다
어이 하라는 말이냐
우리 동네에도 5명의 피지 못한 꽃이 떨어져 갔다
누구를 원망하고 누구를 탓하랴

환히 웃고 서 있는 너의 영혼의 자태
지구 속을 유영하다가 내 가슴에 남아 있다
이 눈물 어이할 거냐
이 참담한 심정 누가 알아줄 거냐
아 슬프고 슬프다.

주 : T. S ELIOT은 1888년 미국 세인트루이스에서 출생했고 하바드 대학
     에서 문학과 철학을 전공했으며 그 후 프랑스 소르본느 대학에서도 문
     학과 철학을 공부하고 1922년 비 낭만파적 시를 발표하다가 1922년
     황무지라는 시에서 4월은 잔인한 달이라는 시를 발표, 세계적인 시인으
     로 주목을 받고 1927년 영국으로 귀화했으며 1948년 노벨문학상을 받
     고 1965년 생을 마쳤다.

5월은 가고

5월이 떠나면
들장미 하늘하늘 꽃 웃음 웃고
내 마음에는
6월의 신록이
지평선에서 새 떼들처럼 날고 있다

로키산 너머
산양 떼들 고속도로의 길을 막고
어디에선가
소식 없이 나타난 흑곰 한 마리
민들레꽃 찾아와 나를 반긴다

캘거리에 6월이 오면
목장의 소떼들을 벗하며
보나비스타 호수에 낚싯대 담그면
트라우드 한 마리 물장구치네
이방인의 시름은 뜬 구름인 것을.

길손

하늘나라의 별들처럼
멀고 먼 곳에 있는 너는
허무와 고독만 간직했더냐
그리움의 꽃송이만 보았더냐

변함없이 찾아가는
네가 가는 길모퉁이
오늘도 나에게 길을 묻는 사람
두 손을 흔드는 그 사람

내 생존의 한 토막을
싹둑 끊어서 너의 심장에 보시를 했더니
너는 강물이 되어 흘러가누나

강물로 흘러간 나루터에
그 길손 홀로 서서
강물을 보며 갈 길을 물으며
사랑을 뿌리는 길손이 되었는데.

길 없는 길

나 돌고 돌아서
찾고 찾아서 오늘 여기에 왔네
오다가 오다가 보니 여기에 서 있네
밤이 오면 파아란 하늘이 나를 울리고
별들이 이별의 손을 흔드는데

나 돌고 돌아서
무작정 이정표 없는 길 찾아 왔네
허무의 길
잘못된 길임을 알면서도
올바른 길인 줄 알면서
때로는 울고 또 울어도 보았네

나 돌고 돌아서
갈 곳 없는 길 집시의 망토를 입고
거리거리를 스트리킹을 하면서
수치심 없는 눈물을 흘리며
방랑길을 헤매어 보나
길 있는 길은 찾을 길이 없네

아아 여기에 어느 누가 있어
내가 없는 나의 길을 찾아주리
나 오늘도 길 없는 길을 찾아
무작정 방랑의 길을 떠나야 하네.

기다림은 없다

가질 수 없는 것
기다려도 기다려도 오지 않는 것
기다린다는 것은
가질 수 없는 것이 있기에
기다림이 있다

내 나이 열 몇 살 때
마을 교회에서
메시아가 재림하는 날이 내일이니
신을 믿지 않으면 죽음뿐이라 했는데
지금 내 나이 고희가 넘었는데
기다리는 메시아는 오지 않기에
기다리지 않아도 오게 되는 것은
기다림이 아니기에
내 생애에 기다림이란 없다

이 허무의 반딧불
기다릴 것이 없는데도
기다림의 허무 속에 오늘을 넘겼다

그 무궁한 환희
이 적막하고 막연한 황홀감이여
남북통일의 기다림이여
임을 기다리는 울음이여 웃음이여.

그리움 털어내기

털어버리고
잊어버리고
눈물을 닦아야 할 일이 하도 많아
오늘은 멀고 먼 하늘을 보았네

하늬 구름 속에 피어난
저 모자이크한 해이덩굴
지난 봄 야생초의 빛깔이 아니더냐

삭막한 들녘 너머
꽃들이 미소 짓는 황야
산들바람이 설익은 하품을 하면
내 가슴 속에 피어난
시커먼 숯덩이를
강물에 씻어 보낼 수 없는 이 업보를

세월은 노래하고
반딧불은 깜박깜박하며
내 혈관을 난자하고
잎은 물들어 간다네.

봄의 연가

꽃이여
나뭇잎이여
흔들리는 자연의 찬미여
나를 받아 주십시오
엄동에 고이 간직했던 잊을 수 없는 향내
당신만이 나의 그리움을 알리라

산 넘고 물 건너
떠나간 연륜 앞에
뜨거운 포옹을 하며
알뜰살뜰한 기쁨을 심어 주는 너는

왔다가 떠나는 당신을 잡고
봄의 교향곡을 부르며 살리라

유명의 무명시인의 눈물은
뒤돌아보는 추억의 강물로 흘러흘러
정처 없이 떠도는 세월의 울음소리 속에
매화꽃은 소식 없이 피어나는데.

너와 나

그대 없었다면 어이 꽃이 피리요
그대 없었다면 하늘이 어이 푸르리요
그대 없었다면 맑은 물이 있었으리요

그대는 영원한 아름다운 꽃
그대는 영원한 푸른 창공
그대는 아름답게 흐르는 시냇물

그대 아름다움에
나 오늘 여기에서 호흡을 하며
새가 되어 푸른 창공을 날아가네요.

너의 모습

잊을 듯하면 찾아오는
너의 모습
내 눈동자 속을 맴돌며
긴 호흡을 하누나

잊을 듯하면 웃는 모습
내 마음 속에 파도로 울고 있으며
한 여름 폭풍우처럼 포효하는데
장대비로 사라지는 모습이여라

영육을 불태우는 바람소리
그 목소리에 조각달은 신음을 하는데
갈잎의 서걱이는 소리
여름 가고 가을이 오는 소리

이승의 삶은 너의 모습뿐이고
저승의 삶은 꿈꾸는 눈물인데.

눈꽃 연가

하얗게 불 타 오르는 꽃송이
그 심장은 용광로보다 뜨거우리라
차가운 정이 더 뜨겁다는 말
지열 속을 파고드는 사랑이런가
땅 속을 녹이는 사랑의 깊이를 누군들 알랴마는
부딪치며 용해되는 꽃송이
낮에는 태양빛의 손짓으로
밤에는 별들과 어울려 꽃을 피우는 적요
모든 것 포근히 감싸주는 사랑
그 속에 오물도 명예도 황금도 고뇌도
오르가즘의 절정을 꽃피우는 소리 없는 눈물
너의 눈물은 떠나간 임의 눈물
우리 모두의 눈물을 사랑으로 감싸 주누나
눈꽃이여
떨어졌으면 녹아 없어지지 말고
영원한 사랑으로
내 가슴속에 피어 있으려무나
첫 여인의 앵혈로 흘러내리는 눈물같이.

임이여

임이여
여기는 아직도 봄눈이 내린다
거기에는 언제나 차디찬 캄캄한 밤
철석이는 파도소리에
너와 나의 눈물이 철석이는구나
어두움과 무서움 속에 모두 떠나간 바다
그 바다에는 물고기도 보이지 않는구나
새들도 풀벌레도 울고 떠난 창공
가끔은 별들의 속삭임이
허공에서 멋진 음계를 뿌리고
때로는 이름 모를 꽃들만 풍랑에 흔들리는데
임은 어디에서 나를 기다리며
우주 공간을 배회하는가
잠 못 이루는 영혼들의 절규
언젠가 찾아올 환희의 눈물을 상상해 보는
청아한 고독의 울음소리에 꽃을 피우는
기도의 울음소리를 어찌 하려나

돈대이 감자탕

8번가 빌딩 숲 사이 감칠맛 나는 감자탕 집
그리운 임 찾듯 너를 찾아 내가 왔다
돼지의 통뼈가 꿀꿀이로 균열을 일으키니
시름을 달래는 이방인들이 막걸리 잔을 높이 드누나

어허라 어허라
청진동인가 무교동인가
삼강나루의 주막집인가
눈물겹도록 피어나는 추억의 강
울고 떠날 나그네의 영혼들이여

감자꽃이 필 때
뻐꾹새 울음소리 석양에서 울어주고
순이와 옥이는 갈래머리 흔들며
꿈속에서 먼 하늘 길을 찾아 나서서
외기러기 되어 태평양에서 파도로 울었었지

감자탕이 끓는 곳은 어디나 고향이고
8번가 뒷길에 깊어가는 밤은 흥에 겨워 울고 있다
흰 옷 잎은 사람들 만나 등을 비비니
감자탕 끓는 소리에 임의 얼굴 떠오르고
어디에선가 감자 꽃 피어나는 소리 들린다.

만나고 싶은 사람

만나면 기쁨을 주고
헤어지면 다시 만나고 싶은 사람
그런 사람이 연인만이
아니라면 얼마나 좋을까

만나면 남에게 좋은 말만 하고
남을 폄훼하지 않고 덕담만 하는 사람
봉사와 희생만을 하면서도
자기 일에 생색을 내지 않는 사람
겸양 속에 담백한 표정을 짓는 사람
그런 사람만 만나면 얼마나 좋을까

별것 아닌 남의 업적도 칭송하고
자기가 한 일도 남이 했다고 양보하는 사람
사소한 남의 일도 자기의 일같이 배려하는 사람
그런 사람 하나 만나고 싶네

인생살이가
위선과 아집으로
자기가 잘났다고 떠드는 세상임은
늦게야 깨달은 이 멍청이를 어이해야 한답니까.

침묵

하늘 땅 자연
그리움과 사랑도 그곳에 있었어

외롭고 서러운 대로
창공을 날아가는 새 떼들처럼
그렇게 살다가 떠나는
허수아비는 눈물을 흘려도
세월은 잘도 가고 있었지

식어만 가는 영혼은
시나브로 자맥질을 하며
이승 길을 질주하고

어두움은 밝음을 잉태하며
변함없는 진리를 각인하고 있었어
잠든 호수는 말이 없는데.

바람에게 묻는다

눈 뜨고 눈 감고
그 자리에서 소리 없이 날아가는 빛과 그림자
언제나 그 자리에 있었으리

소식 없이 찾아갔다가
소식도 전하지 못하고 떠나왔던 그 긴긴 날들
바람은 알고 있었으리

안개 자욱이 끼고
아지랑이 꽃이 너풀너풀 춤사위 칠 때
춘설로 내려 눈꽃 속에 내 마음 전하리

바람은 알고 있으리
저 태양 빛 빛나고 새들이 날고 있음은
내 그대 찾아가는 저 바람소리임을

불러도 대답 없는 지나간 세월
바람에게 물어 본다
어디에 네 마음 감추어 두었는가를.

바보 시인

제6시집 출판에 부치는 시
- 강미영 시인(제6회민초해외문상 수상자의 축하시)

1.대체 시가 무엇이관대 당신은 그리 시가 중하십니까
시가 대체 당신에게 무엇이관대 돈보다 밥보다 중하
십니까 모두가 다 떠나버린 시 밭 그 폐허의 문 밖에
서 버려도 그만일 모국어 낡은 주머니 가슴마다 가득
담고 가난한 전후의 코흘리개 소년 구슬인 양 딱지인
양 보물인 양 자랑인 양 명예인 양 아직도 안절부절못
하고 사랑에 빠진 영원히 아이 같은 참 철없는 당신!

2.이역 땅 캐나다 캘거리에서 당신이 시라고 밤새 퍼 올
린 그 허무한 말들 금인 양 보화인 양 지칠 줄 모르는
짝사랑 당신은 정녕 문학의 돈키호테십니까 '뻐꾹새
울음소리에 피어난 들장미'라니……!
열여섯 푸릇푸릇 까까머리 문학소년 이유식 그 유치
하고 꿈 많던 외로운 머슴아 하나 아직도 가슴에서 몰
래 몰래 키우십니까 시가 대체 무엇이관대 시가 도대
체 무엇이관대 늙지도 못하는 꿈 하나 끝내 자라지 않
을 소년 같은 천진난만 바보 시인 민초여!

우리들의 모국어 변방의 해외동포문학에 바친 그대의
꿈과 사랑 그리고 헌신, 영원하시라! 무궁하시라!

주 : 저 이유식이는 바보 시인입니다. 바보 시인이기에 부끄러움도 창피함도
없이 저에 관한 사연을 여기에 퍼 왔습니다. 상기 작품은 제가 제정 운
영하고 있는 6회 민초해외문학상에 수상을 한 전남 여수의 강미영 시인
이 지난 9월 21일 캐나다 토론토에서 갖게 된 저의 6집 시집 출판기념
파티에 축하시를 써서 보내 주셨습니다. 강미영 시인은 86년 동아일보
신춘문예로 등단했었고 현재 캐나다 시민권자이나 가정 사정으로 잠시
한국에 귀국하여 작품 활동을 하고 있는 한국의 여류 중견 시인입니다.
이번 6회의 심사위원장은 유안진 시인이시며 대한민국예술원회원이시
고 서울대 명예교수님이 심사평을 써 주셨습니다. 첨가한다면 제6회 민
초문학상 운영위원회에서는 오는 12월 10일 오후 5시 30분부터 광화
문 프레스센터 20층에서 조출한 시상식을 가질 계획입니다. 독자님들
의 많은 격려와 성원을 바랍니다.

민초 이유식
민초 시인님 반갑습니다. 가을은 외로움끼리 만나게 해 줍니다. 바보 시인이
있었습니다. 바보였기에 시를 쓸 수 있었습니다. 시인은 죽음도 포장할 수
있다고 경고하더군요. 시로 모독한 대가를 받을 거라고 했습니다. 홀로 은둔
한 그만의 연륜이 서러웠나 봅니다. 아티반정제는 세상에 통용되는 것 조
울은 창살 속에 가두는 음모인 것을 그 홀로 앓이했나 봅니다. 바보 시인은
세상의 빛으로 눈 밝힘을 할 줄 모릅니다. 그의 가슴에는 별이 있고 달 등을
안을 줄 압니다. -바보 시인 / 지소영-

레이저 빔

레이저 빔
빔 속의 빛을 쏘아라
바람은 억세게 불고 불어 퍼져 나가고
빛의 향내는 민들레 홀씨가 되어 정처 없이 날아 간다
장대비가 쏟아지는 홍수의 물결을 어찌 막으리
씨앗으로 솟아나는 저 지평선의 눈물을 보며
걷잡을 수 없이 번식하는 속도로
인터넷이 범람하는 교활한 문화의 변태를 안고
아무 말도 못하고 쓴웃음으로 돌아서는 전위를
자가도취에 몸부림치는 저 황홀한 망상
그 망상 속에 꽹과리를 치는 저 허무를
말 없는 민초들의 상념은 어디에 있을까
그 비밀의 테두리에 멋대로 끼리끼리 짝짜꿍
알 수 없는 허상에 목이 메어 울고 있다
일파만파 퍼져나간 레이저 빔은 또 쏘아져야 하고
싸늘히 식어간 바람은 말꼬리를 허공에 날리며
아비규환의 생존 앞에 말의 유희가 인생을 농락하고
똥파리가 윙윙 날고 흰 나비 떼들 울며 나니
말 말속에 오물을 청소하는 시궁창이 합장을 해도
꼴뚜기와 망둥이가 서로 잘났다 싸움질에 열을 올리니
아아아 이를 어찌 할꼬 어찌해 쯔쯔쯔
민초들은 눈물만 흘리고 있네.

로마

일곱 개의 언덕에 쌓인 로마
캄피돌리오 광장에 인류 문명의 증인이 있다
너의 아름다움 장엄함과 웅대함을
로몰루스와 레무스이의 늑대상은 말한다
누가 있어 이 찬란함을 탓하랴

하루에 6,7,8시간 걷고 또 걸었다
걸어도 걸어도 내 다리는 로마 병정이
전쟁터에서 달리던 말의 다리였고
잊지 못할 벗을 만난 듯 재회의 감정을 어이 하리

길가 벽 속과 웅덩이에서 솟아나는 물은
산삼을 고이고이 다린 약물인가
마셔서 마셔도 내 몸에 살이 되고 피가 되어
테베레 강물로 흘러 간다

라떼 한잔 라떼 마키야토 한잔
서서 마시는 커피 한잔의 맛
길손의 시름은 공화장에서 잠들고
미켈란젤로 너는 인류에게 기쁨만 남겨놓고

지금은 어디에서 무엇을 하느냐

빅토리아는
이마뉴엘 대제의
눈동자는 로마에서 세계로
인류의 꿈이 그림자로 꿈틀거리며
생과 사의 아득한 역사 위에
멍청이가 된 이 길손을 너는 어이 하려나

주 : 1) '빅토리아노 이마뉴엘'은 1870년 이탈리아를 완전 통일시키고 오늘
　　　의 통일된 이탈리아를 만든 황재.
　　2) 기원전 5세기에 세워진 청동 늑대상은 로마의 상징이고 이 늑대의
　　　젖을 빨고 있는 쌍둥이는 로마의 시조이며 이 두 쌍둥이를 로물루스
　　　와 에무스이라 명명한다.
　　3) 테베레강은 로마의 중심가를 흐르는 강의 이름. 이 강물 속에는 로
　　　마 제국의 역사가 담겨 있다.

봄바람

산골 깊은 곳에서
들리는 꽃 소리
아이고 아이고 어쩔고 어쩌면 좋아
산 속의 골은 깊어만 가는데
빈 자궁의 헛웃음을
혀로 핥고 눈으로 빨고 빨아도
변치 않는 신비를
처음부터 찾아왔던 저 황홀함의
깊은 질곡의 신음을
봄바람은 울고만 있네요.

감사하는 마음

혼자서 왔던 길이라고
내 어이 말할 수 있으리
수많은 사람들이 오고 가는 길인데
언제나 가야 할 길은 앞에 있기에
어떤 이는 자가용 비행기 타고 날고
어떤 이는 요트를 타고 대양을 건너는데
나는 그 어느 것도 잡지 못한 채
부럽지 않은 삶을 살아 왔음을
누군들 알까 후회하지도 않았거늘
그리운 이여
사랑하는 이여
나 이제 말하노라
고난과 숨 막히는 서러웠던 길
서녘 하늘과 사람들 틈에서
그렇게 살아온 것도 행운이라고
감사의 눈물을 흘리는
적요의 달빛으로 내리는 이 밤을
너는 모르리.

잡초의 생리

내 주변에 어이 이렇게 잡초가 많은지
뽑아도 뽑아도 솟아나기에
나도 잡초가 되어

하루하루를 열심히 성장해 갔다
참 이상한 것은 이 잡초는
온갖 살균제와 독한 약을 뿌려도 살아나고 있었다

나는 잡초들의 모습을 유심히 관찰하게 되고
잡초들의 속성을 요리조리 분석을 해 보고자
내 한평생 온갖 정력을 들여 연구해 보았으나
맹탕임을 알게 되었다

결론은
잡초도 살아야 하고
잡초도 말을 해야 하고
잡초도 새끼를 계속 낳아야 하고
잡초도 계속 먹어야 하기에
잡초도 생각이 있다는 것을 알았기에
무릎을 탁 치고 내가 바보임을 깨달았을 때에
잡초는 나를 보고 웃었다.

꿈의 여백

언제나
하늘 위의 하늘의 세상
파아란 꿈을 펼치며 살아가야 함은
태초의 이상이었거늘
외진 골목 뒤처진 잡풀로 서성이는 서러움
장미꽃 엉클어진 돌담장 길에
한 없이 심어 놓은 눈물 자욱
산모퉁이 돌아선 그늘을 안고
허우적거리는 숨소리에
타는 목줄은
너를 그려보는 슬픔이다.

제4부
사랑의 진미

백석대학교 임청화 교수 뮤직 데뷔 30주년기념공연이 2015년 5월 30일 예술의 전당에서 천여 명의 관람객이 운집한 가운데 개최되었다. 공연이 끝난 후 필자와 기념촬영을 했다.

사 랑

너를 알았기에 먼 하늘을 보았어
하늘은 맑고 푸르다가
뭉게구름과 먹구름을 안고
흘러가더니
가끔은 폭풍우도 안고 와
내 심장을 자맥질했었지

땅속 깊은 곳에는 늪이 있었어
수렁에 빠진 가슴속
물안개가 피어나더니
늪가에 피어난 이름 모를 꽃송이들
그 꽃송이가 병이 들었었지

칼바람이 불어주던 날
나는 바람결에 너를 내 가슴에
깊이 묻어두고자 눈물을 흘렸었지
그리고 하늘을 보았지만
하늘은 언제나 멀고 먼 곳에 있었어.

제5회 민초해외문학상 시상식이 2012년 10월 독일 프랑크푸르트에서 있었다. 이 날 가곡 이유식 작사 〈사랑을〉, 김영식 작곡가와 필자가 축하 케이크를 자르는 모습.

순애의 허상

나를 찾아오는 그대
눈물겹도록 아름답고
감당할 수 없는 감동으로 춤사위 추누나
상상과 인내를 초월한 아픔이여

너는 알고 있었던 기쁨인데
나는 그 기쁨에 눈물을 흘리며
지나갈 날을 헤아려 본다

그대와 내가 알고 있는 모든 것 질식할 것 같은
그리움의 언저리
사랑의 허무를 알았기에 바람은 쉬지 않고 불어주고
알면서도 모르는 내면의 속살은 파도로 잠들며
펄럭이는 나의 순애보는 방황한다

모자익한 모든 것이
알알이 부서져 나가는 허무를 심연에 담고
흐트러지는 상처에 꽃을 피우는 그림자 하나 미소 짓는.

스탬피드〈Stampede〉

백회 생일을 오늘같이 맞이했다
백년을 살아 숨을 쉬었던 전설
그 희망과 기쁨 아직 네 안에 있다

Calgary란 市의 이름은
인디언 원어로 청수라 하며
인구 백만 명의 이 市의 중앙에는 언제나
푸른 물이 흘러 간다

날줄로 100년의 역사를 엮고
씨줄로 별과 달을 엮는 인종 동물원
몸에 맞는 이 옷 저 옷 갈아입으며 살아왔다

끝없는 지평선 위로 들장미 피어나고
목장의 소떼들 카우보이의 어깨춤에 덩실덩실
의지할 곳 없는 시인에게는 눈물이 고이고
염주 굴리시던 어머니의 환청 식아 식아
백년이 쉽게 오고 가는 것이 아니라 하신다

내가 입지 못할 옷을 입고 히히덕 히히덕

축제의 물결 속에서 멈추어 가는 심장이
허공에서 이름 모를 꽃을 피운다

오늘 아침은 이민 장관이 초청하는 공짜 아침에
내일 아침은 건강 식품점에서 초청하는
건강식품 아침에
또 하루해 가면 단골 부동산 업자가 초청하는 식사에
공짜 아침 얻어먹기도 바쁘다 바빠
이 市의 축제가 이렇게 흘러가고 흘러 왔다.

아담과 이브의 씨앗

60억에서 70억이 되고
또 얼마나 많은 씨앗이 뿌려질까
뿌려지는 씨앗들의 깊이와 미학은 아름답다
백인이 흑인과 얻은 씨앗
그 씨앗 튀기(Mixed Race)
튀기는 또 황색인종과 얻은 씨앗
아무렇게나 변해 가는 지구의 모습
가변의 진리가 어이 심오하지 않으랴

지난밤 결혼식 피로연의 장면
아프리칸의 음원 쿵쿵 나 배가 고프다 하고 울고
백인들의 팝송 즐거움 저편의 낭만적 퇴패
혼혈아의 고통 아닌 고통의 저변
벌건 대낮에도 밤길을 걸어가는 보헤미안
미운 정도 고운 정이 되어
아담과 이브가 웃고 울고 있는 그윽한 밤
태양이 뜨지 않는 날에
지구는 거두어들일 수 없는 씨앗들을 보며
사탄이란 자 해해해 웃고만 있고
사람 수 만큼 많은 종교 종교

나 꿈속에서 조상弔喪을 하며
노아의 방주에서 태어난
부모 형제의 간음의 후예에 경배를 드리며
각혈을 한다
태양도 뜨고 지구도 자전을 하며 꽃을 피우니
얼씨구절씨구 지화자 좋구나 차차차!

아아! 이 사랑을

어쩔 수 없는
숙명인가 운명인가
잊혀지지 않는
용암물이 흐르는 벌판에
그리움이 펄펄 흘러 내린답니다

아득히 떠났기에
민들레 꽃 흰머리 휘날리는
가슴을 절이는 바람
은은히 웃음 짓던 허수아비
혈루를 파고드는
인생살이 아름답다 합니다

추상의 파도가 일렁이기에
내 것이라 하지 않으렵니다

숯불로 타들어가는 검은 심장
호흡을 잠재우는
사랑의 꽃을 그대는 아시나요.

해설 : 사랑이 어이 에로스의 사랑만이 있을쏘냐. 아가페의 사랑은 어떠리.
위선 같은 푸념이랄까. 어느 누구에게도 어떤 대가나 바람이 없는 마
음으로 동포 사랑, 조국 사랑, 나보다 못한 삶을 살고 있는 사람들을
사랑하며 한평생 살아보려고 노력하며 오늘에 이르니 그저 허무의 강
물만 흘러 석양 노을에 춤추는 이생의 허무, 이제 남은 내 생애 내가
받았던 사랑의 아름다움과 내가 주었던 사랑의 무한한 감사한 마음의
고향을 찾아 방랑길을 떠나는 나는?

알프레드 드 뮈세

누가 사랑은 희생이라 했던가
받는 것보다 주는 것의 행복을
너도 알고 나도 알았음을

언제 찾아올지 모를 사랑을
숨을 쉬며 밥을 먹으며 울면서 기도를 한다

사랑의 기도는 울음의 진실된 응답이
몸과 마음의 일체로 생각하며
오늘도 '알프레드'처럼 울면서 기도를 했다

오장육부가 끓어올라 촛불을 밝히기에
나는 사랑의 기도는
울음이면 되리라는 정염으로
뻐꾹새 모양
귀뚜라미 모양 그렇게 울어 보았다

내 울음의 기도는 사랑을 외면했고
천상에 빗물이 흘러도
울음의 기도는 허공을 맴돌고 있음을.

주:Alfred de Musse(1810-1857년)는 프랑스의 낭만파 시인으로 그의 연
인 조루주 상드와 이탈리아 여행 중 병을 얻은 상드는 그녀의 주치의와
사랑에 빠진다. 상드에게서 버림을 받은 알프레드는 혼자서 파리로 돌아
와 상드가 돌아오기를 기다리는 마음에서 울면서 기도를 하다가 그의 생
을 마쳤다 한다. 사랑이 무엇이기에.

약속

그때 그 자리
잊을 수 없는 환청의 정한
울 수도 웃을 수도 없었던 그 순간
당신과 내가 간직했던 그 말
아 지칠 줄 모르는
눈물과 희망을 절멸치 않는 꽃
부적처럼 간직하며
추억을 먹으며
재회의 한을 안고
청마 한 마리 뛰어간다.

어머니

누구를 원망하랴
오늘도 태양은 뜨고 별들도 반짝인다

생존의 뒤안길에서 휘이휘이 두 손 흔들며
세월도 잡고 임도 붙들고
바람 부는 북녘의 들판에 새가 날아간다
빛바랜 창문을 열어라

내 가슴에 타다 남은 이끼 낀 불씨
질곡의 긴 여정 돌고 돌아온
달빛 속에 가린 눈물이 어디에 있더냐

하루의 피안의 언덕에
반복되는 씻을 수 없는 상처는
내 자신을 용서할 수 없는 서러움으로
어머니를 불러본다
어머니, 어머니, 우리 어머니.

어쩌면 좋아

아무 것도 없으면 어떠리
그런대로 바닥에서 바닥을 누비며
살아간다 한들 누가 말하랴

끼리끼리 모여서 주고받는 위로
너의 모든 것을 알았고
나의 모든 것을 보여주는
무의 세계를 서로 공유함에 아름다움도 있으리

빤히 마주보는 눈동자
마음을 들여다보는 말의 유희
몸을 서로 비벼보는 신비의 하모니
악수를 하면서 따뜻한 사랑의 표현들
인연의 실타래의 눈물을 알고 있으리

어쩌면 좋으리
꽃이 피었다가 떨어지는 것을
동녘 하늘에 별 하나 떠 있는 것을.

연민

잊어야 할 사람을 잊지 못함은
그리움이 주고 간 병일 거야
그 병은 자신을 속이면서 살아가는 위선이지

위선자의 슬픔은 연민으로 승화되고
연민의 실타래가 풀어지면 죽음이 기다리지
그 언젠가 뿌려 두었던 아픔
다시 간직하고 찾아온 사람
소복 입은 여인의 서러움으로 노을지고

한 남자로 태어난 고독
꽃송이 피어나는 종소리 들으면
참고 참아 왔던 인고의 눈물 강물로 흐르는데
용암의 불길은 어디로 흘러갈까.

영혼

떠나지 말아라
떠나지 말아라
영원한 생존의 눈물이여
영원한 사랑의 꽃이여
잊지 못할 실루엣 속에 마르지 않을 눈물의 상처,
이 얼마나 멀고 잡을 수 없는 꿈이더냐.
죽을 수 없는 영혼이여
울지 말아라
원망치 말아라
사랑이 머문 자리에
내 영혼 잠재우며
사랑을 그리워하라
봄에는 꽃이 피고
가을에는 잎이 물들리라.

예수님 석가님 공자님

로키산 정상에 숨어 있는 호수
오미호의 아름다움을 노래한다
나보다 더 순수한 자연미를 가진 자 없다 한다
그런데 겨울 함박눈이 호수를 덮었다
인류의 三大 聖賢들이 눈이여 없어지라고
고함을 치며 기도를 하지만
기도 소리 들으며 눈은 계속 와 쌓인다
이때 바람이 말을 한다
예수님도 석가님도 공자님도
자연스럽게 덮인 인터넷의 악플을 없애지 못한다고
그래서 사탄의 세상이라는 한탄을 하며
예수 석가 공자도 방랑길을 떠났다
사파 세상 서커스를 하는 절묘한 낙원
사람 냄새 풍기는
지지고 볶는 생선 튀김의 프라이팬 속
잡탕밥이 참맛 나는 밥맛이라며
예수 석가 공자가 허공에서 울고 있다
떠나간 옛 연인의 눈동자의 악플은
행복했다 불행했다
레미제라블의 장발장의 생애를
하늘나라 별들 속에서 음미를 한다

주 : 인터넷 악플이 근절되는 명랑하고 건전한 사회가 형성되기를 빌면서.

오는 정 가는 정

정이란 오고가는 곳에 있다
그 정이란 것이 있어
사람들은 당신을 미워도 하고 고와도 한다
스쳐지나가는 바람소리가 나를 보듯
떠나간 임의 아득한 미소는 어머니의 웃음 같다

이름 모를 새 떼들이 봄이 왔다고 나를 찾아오듯
계절이 바뀔 때마다
동래 골목을 노니는 토끼털의 탈바꿈처럼
정이란 그렇게 오고 가는 것이다

말없이 미소만 남기고 떠난 사람들
오늘은 지평선 너머 이름 모를 꽃들이 손짓하고
내일은 목장의 소떼들의 울음소리
내가 그리는 오는 정 가는 정의 눈물이다

수많은 별들이 나를 보며 기쁨을 주는 것
사람 살아가는 세상에서 들리는 슬프고 기쁜 소식들
이 모든 것이 나에게는 오고 가는 정이다
오늘도 서산마루에 해는 지고 있다.

운명의 노래

철이 들어가면서 나는 너를 알았다
잊는다 하면서도 잊지 못하면서 살아가는 것이 너였다
언젠가 영영 만날 수 없는 인연임을 알면서도
영원불멸로 너와 같이 있음을 상상하며 살았다

검은 머리는 흰 머리털로 휘날리고
너에게 줄 수 있는 것은 아무것도 없음을 알면서
너를 상상하며 살아온 황혼의 조각달을 본다

이제 나는 너를 잊으려 하는
허전한 마음에 눈물이 고이고
내놓을 것 하나 없는 나를 보며
잊을 수 없는 그림자 하나 간직하며 하루를 보냈다

바람도 차고
눈물방울도 차고
눈 깜빡할 사이 떠나는 빛깔들 속에
너를 영영 보지 못할 길을 떠나고 싶을 때가 있나 보다
나그네들의 생존을 끝없이 사랑하면서 길을 떠난다.

울고 있다

밝음이 있기에 어둠이 있다
나와 너는 탈진한 어둠을 보고 있다
돈을 보며 잘난 사람들을 보며
밝음에서 어두움으로
어두움에서 밝음을 보고자 울고 있다
허무 속에서도 분노하고
억울함 속에서도 호소할 곳을 찾지 못하고
찾아올 미래를 보며 울고 있다
진실과 정의가 숨통을 조여 오고
아스라져간 희망의 향연이 울고 있기에
꽃이 피는 듯 떨어져야 했다
그러기에 나와 너는 울고 있다
망각의 거리
잊어야 할 만남에서 너를 보며
탓탓탓 속에 목탁을 치며 울고 있다.

울림

서산에 꼴깍 해 넘어가듯
잊기 싫어도 잊어야 하는
밝음에서 어둠을 본다

과거는 현재에 묻어 두고
미래는 현재에 감금되어
망각 속에 피어나는 꽃을 본다

사막에서 찾았던 오아시스의 물이
타들어 가던 목줄에 별로 떠
바람으로 불어주는 아득한 희망이다

잊기 싫어도 잊어야 하는 울림
듣고 싶지 않아도 들려오는
그 울림을 어찌 하란 말이냐

오! 나의 조국
북한 3대 세습의 파렴치한 질곡
배고픈 민초들의 서러움을.

웃음

언제나 즐겁지 않은 생활인가
웃어라 웃어라
못돼 먹은 세상 인심에 현혹되었더냐
웃어라, 웃어라

별 볼일 없는 말장난에 신경을 쓰지 말라
한 발의 총알이 벌 한 마리를 잡기는 어렵다
웃어라 웃어
하늘을 보고 즐겁게 웃어라

사람이 살아간다는 것이
눈 깜짝 사이 지나는 일장춘몽인데
남을 모함하고 매도함에 희열을 느끼지 말라
잘난 것 같아도
언제 떠날지 모르는 삶이 너와 나인데
웃어라 웃어

참회하는 심정으로 자신의 삶을 뒤돌아보며
용서를 빌어보는 진정한 사람들이 얼마 있던가
명예와 관직과 멋진 설교와 돈 벌이를 위하여

양심을 저버린 양심을 팔아넘긴 사람들이
그 얼마던가
웃어라 웃어 실컷 웃어라

나는 문학이 시가 무엇인지 모른다
그런데 껍죽껍죽 시인이라 시를 발표한다
분수 모르는 글쟁이들이 얼마나 많던가
제 글이 제일이라 날뛰는 사람이 또 얼마이던가
웃어라 웃어라
하늘과 땅이 너와 나를 보고 웃는다

생각을 해 보라
웃음 이상의 현명한 처세도 없나니
웃어라 웃어라
목이 터져 피를 토해내도록 웃어라.

웃음의 미학

How are you doing this morning
Heh Heh Heh
How was your swimming
Heh Heh Heh
Good bye
Have a nice day
Heh heh heh

도대체 말이 없는 그 사람
헤헤헤 하는 웃음으로 말을 하는 사람
웃음으로 희망을 찾는 중국인 미스터 왕
매일 아침 젊은 여인의 손을 잡고
수영장을 찾는 웃음꽃 피우는 노신사
그의 나이 94세
60여 년 이상을 영어권에 살면서
영어 한 마디 하지 않고 웃음으로 살아온 그 사람
마음 한편에 다른 세상의 삶을
물 흐르듯 뭉게구름 사라지듯 보는 연륜의 파노라마
내 마음 한편 내 마음에 채워지지 않는 그림자
지혜로운 섬광이 반짝이는 인동초

꿈길에서 웃음을 만나고
꿈길 같은 길을 걸어온 웃음의 아름다움
정답고 반가운 웃음만 남겨주고
그렇게 살아가는 인생살이는 없을까
나의 웃음 쫄깃쫄깃하고
탄력 있고 기쁨과 희망을 전달하며
하루를 살아가고 싶은 나는
미스터 왕의 웃음을 음미하는 나는…….

은둔의 향기 1

바람 따라 은은한 바람의 향기가 불어오고
사람의 마음 따라 사람의 향기 불어 세상을 덮는다
사람이 살아가는 세상에는 더러운 향내도 있고
달콤한 향내도 풍겨온다.
마치 장미꽃과 같은 향기도 있고 가을에 물들어가는
단풍잎과 같은 향기 낙엽 떨어지는 오솔길에서 울고 있는
매미 울음소리 같은 향기도 있다.
그래서 연륜은 불타고 반딧불도 반짝인다
오늘은 천년을 살고 천년을 죽어서도 살아간다는
헛개비나무에 올라 사람들을 본다
어딘지 모르게 희로애락의 향기가 용암으로 흘러
바다를 만들고 그 심해에서 살아가는 물고기 떼들이
헛개비나무를 조롱한다
너와 나의 향기는 매마찬가지인데
지구 속에 남은 티끌은
희망의 눈물이고 절망의 꽃으로
어머니의 자궁 속을 배회한다
나만이 간직한 희열을 나만의 고독을 자랑하며
석양 노을 위에서 서커스를 한다
사람 냄새가 구더기가 되고
파리 떼들이 뿌려놓은 애벌레가 지린 오물이

악순환을 거듭하는 혼란 속에서
발전은 악화가 양화를 탄생하는
그레샴의 법칙이 생존을 난자한다
그 달콤한 향기에 취한 병든 사회는 꽃으로 피어나
자화자찬 속에 위선의 꽃을 피운다
참 교활한 아더매치한 향기의 사회다
어쩔 수 없는 원죄의 환성은 요단강을 건너가고
그 속에서 사회의 정의와 진실은 꽃을 피우고
그 향기에 취해서 춤을 추는 허명의 악랄한 속내 속
나는 오늘도 너와 나를 본다
시래기 된장국이 부글부글 끓어오르고 있다
삼겹살에 소주를 마셨다
은둔의 향내 영원한 희망의 꽃이다.

은둔의 향기 2

싱싱한 나무 같은 사람이 갑자기 세상을 떠났다.
떠날 때가 되었기에 말없이 소식 없이 떠난 것이다
그런데 떠난 자리의 허무는 행복의 꽃으로 시비와 사랑
의 눈물로 범벅이 된 장례식장에서 너도 나도 운다
그 싱싱한 나무의 그늘이 그리웠고
떠난 사람이 안쓰러워 너나 나나 운다

나는 사람들의 우는 모습을 보면서 회상에 잠겼다
싱싱한 나무가, 쓸 만한 사람이 떠난 것은
죽기 전에 할 일을 못한 나무와 사람의 모습을 상상해
본다
얻은 결론은 나무는 싱싱하지 말았어야 했고
그늘 속에 뭇사람들이 즐거움을 맛보지 못함을
주었어야 했는데 그리고 쓸 만한 사람도
꼴불견으로 그의 인생살이를 했으면 행복한 생존이었으
리라는 상념을 씹으며 나도 엉엉 울어주었다

다시 떠난 사람과 나를 비교해 보았다
너도 나도 우주 속에서 한 점의 먼지만도 못한 존재로
태어나지 않았고 어느 이방길 모퉁이를 서성이는 방랑
자가 되지 않았다면 떠난 너와 나는 지금

이랴 어서가자 저 산골 저 벌판에서 메뚜기로 뛰는 행운
의 꽃으로 피었음을 회상해 본다
언젠가 제로섬에 안착하는 조각배 가물가물 떠 흘러가
는 흰 구름 저 너머에서 靈의 부표로 흘러가리라는
독백에서 행복을 노래하리라

다시 나를 본다. 울지도 웃지도 말고 저 높은 하늘 저
넓은 광야를 청마 해에 청마를 타고 뛰지도
하늘 위로 날지도 못하는 무능의 고리에서 허무의 꽃으
로 피어난다 불어라 폭풍아 울어라 새 때들아
날아라 기러기야 정처 없는 길에 희망이 있다고
흥얼흥얼하며 언더 록에 드람뷰이 술잔을 기울인다
내가 귀여워하는 사람이 좋아하는 드람뷰이의 꽃의 향
내 무한의 기쁨이고 허무의 행복이다

그런데 이 보잘것없는 사람을 평범하고 고독한 사람을
저주해야 한다고 누군가 나를 가리키며
앞발을 감추고 발바리처럼 짖을 때까지
나는 여명에는 산책과 수영을 즐기고
저녁에는 술을 마시는
생존을 이어가야 했다

등소평의 정치 철학을 그리며 울고 울었고
강철 왕 카네기는 돈을 버는 것은 기술이고 돈을 쓰는
것은 예술이란 말을 음미하며 울고 울었고
돈을 벌어보지도 못했고 써 보지도 못한 이 초라한 삶
집시 같은 생존 앞에 촛불을 켜고 운다 울어

행복은 허무의 꽃으로 피어나지 않았음을 알았기에
행복은 허무의 꽃으로 피어나지 않았음을 알았기에

가변의 진리

백팔번뇌의 향기
가변의 진리로 움이 트는 밤
베개를 뒤척이는 생존 앞에
달고 쓰고 가리지 않는 바람 소리
고이 잠들어 가는 서녁 하늘
거기에 가변의 진실이 있다

세월도 변하고
나이테도 쌓여 가면
이래도 좋고 저래도 좋은 도인이 된
고목나무의 절규
토네이도가 되어 휘몰아치는 한낮
때 아닌 꽃도 피더라

때로는 광야에서
황소 울음소리도 들려오고
핏줄을 맞추며
요리 조리 저울추를 만지작거리며
불나비가 되어 날아도 보는
별을 따고 웃는 모습도 보인다

어영부영 한 세상 살아가지만
평범한 인연의 향기를 맡으며
흔들리지 않은 세파의 눈물을 삼키고
가변이 합리화될 수 없는 진실을
가슴 속에 안고 울어보며
한 송이의 들꽃으로 피어나고 싶다.

다뉴브강의 노을

다뉴브강에 노을이 진다
요한스트라우스와
앙드레 롭의 월츠곡이 2800km의
다뉴브강 언덕에 낙엽으로 날아간다

강에 뿌려주는 초추의 달빛에
멀리멀리 날고픈 이방인의 혼령
부다페스트에서 맺은 인연
흑해에서 울고 있는 왈츠의 음계가
다뉴브강 연안에 뿌리 내린 혼혈의 민족이어라
그 눈물과 역사
너와 나의 고독이었음을

아메데올라는 홈통의 강이라 했고
홈통의 강은 지구상의 순수한 혈통을 멀리한 채
하나로 되어야 하건만
내 가슴속에 불타는 시나브로의 편린은
바이킹 유람선의 문풍지로 흔들리는
청노루 꿈을 꾸는 세속의 눈물이어라.

孤獨의 窓

새들의 울음 소리였나
바람이 울고 간 꽃망울 터지는 소리였나
태양빛 안고 걸어가는 저 사람

풀잎 香氣 먹으며 찾아가는
풀잎 솟아나는 꿈을 먹고자 하는 希望

서럽던 情恨 가슴에 안고
흙 속에 간직한 瞑想의 노래
흔들리며 찌들리며 살아온 것만 같은
피 멍이 든 가슴
파도 소리였음을

孤峰의 산길
저 産苦의 아픔에 네잎 클로버 잎 피어난다
숯불처럼 타들어가는 이 속살에
오장육부가 하품을 하누나.

잃었던 길

잃어버렸던 길을 찾아
잠 못 드는 꿈길 속을
거닐다 보면
산 넘고 물 건너면 새 길이 열린다 했지요

허상의 해맑은 웃음
내 생존의 빛을 삭히며 울어주던
이름 모를 꽃향기 손짓하는데
은둔의 파열음의 찬 서리
고이 간직했었다 하네요

적요 속에 마시는 커피 향
낯설기만 하던 새 길
새 희망으로 엮어지는 그림자
새 길을 잃었다 한답니다.

장미의 향기

너의 죽음은 언제인가
너와 내가 하나가 될 수 없음을 알면서
나는 언제나 너의 아름다움을 본다
너는 알고 있으리라
피어날 때의 정열의 불꽃과
시들어져 가야 하는 숙명적인 길을
내 의지에서 솟아나는 나의 감정은
너의 장막 속에 갇혀서 눈물을 흘려도
꽃잎으로 떨어지는 허무를 너는 모른다
여기서 내가 너를 기다림은
너의 진실된 꽃다운 꽃의 사랑을 얻고자
고독에 취한 너의 인형극에 눈물을 지으며
너의 영혼 속에서 잠들고 있음을
그리움은 말해 주지 않더라.

깨우침

어영부영 사라진 모든 것
생존의 색깔인가
인연의 색깔인가
계절 따라 변해 가는 만남의 빛깔
노을 속에 짙어간다

잊어버릴 수 없는 꿈
뻐꾹새 울음소리로 들려오고
보리 이삭 새순 트는 동구 밖
종달새 날아가고
냇가의 버들피리 물장구친다

어찌 하다가 여기까지 왔는지
바람은 말이 없고
내 옷깃 스쳐 지나간 모든 사람들
하늘 조각달 나비와 라일락 꽃
모든 나의 인연 나를 부른다.

눈물

티 없이 맑고 깨끗한 수정
눈물방울은
수정이
그리움을 안고 떨어지는 것이다

사랑을 안고 지구를 향해
불우한 사람들을 보며 굴러가는 것이다

그래서 눈물은 안타까움과
사랑이 익어갈 때에 흐르는 것이다

그윽한 눈물의 향기가
인간사의 고난과 슬픔을 덮어줄 수 있으면
풀잎은 하늘 위에서 웃으리라

그 행복은 끝없는 기쁨을 안고
봄꽃처럼 피어나는 눈물의 여운 속에
네팔을 향해 정처 없이 흐르는데
내 빈손이 머무는 꽃 한 송이를
신은 모른다 한다.

제5부
자연은 아름답다

미국 유타주의 브리스케논의 자연석 평풍 바위. 아리조나의 그랜드케논 라스베가스의 붉은 바위 산과 같이 이 자연의 아름다움을 어찌 할까 .

러시아 톨스토이 묘지를 찾아가는 길. 대문호의 묘지를 방문하는 길섶에 러시아, 영어, 한국어 등 3개국의 안내표지가 매우 인상적이다

민초 문학관

이유식
(민초해외문학상 운영위원장)
yspoet@gmail.com

영의 부표
(靈)　(浮標)

당신은 어디에서 왔는가

밤낮 가리지 않고 떠도는 디아스포라(Diaspora)

내 몸속에서 잠들었다가

훨훨 날아가는 망령(妄靈)들일까

저희들끼리 사랑하고 싸우고 그리워하는

영혼과 영혼간의 끝없는 투쟁은 계속된다

뒷골목 빈터 화장터에서

하늘공원에서 부표처럼 떠있는 혼(魂)

어느 누구도 보지도 듣지도 못한다고

유랑하는 영혼들의 즐기찬 싸움질

그 부표 위에 떠 있는 혼돈

흙의 노래에 갈 길을 잃고 있다

조국이 있음에

산 속에서 산을 보고 있으면
산 속의 고독과 생의 진실을 엿볼 수 있다
산을 지키는 나무들은 나무 중에서도
쓸모없는 나무들이다
쓸모 있는 나무는 누군가에게 대접을 받으며
어디론가 승천을 한다

사람들 속에서 잘난 사람들은
나라와 사회가 다 모셔가 사람대접해 주니
살아갈 맛이 나고
별 볼일 없는 사람들은 방랑길을 헤매돈다
그래도 볼품없는 사람들이라 해도
내 나라 내 동포 사랑하며 풀벌레 되어 울고 있다

나는 오늘도 내 못난 삶을 자탄하며
청노루 꿈을 찾아 광야를 정처 없이 뛰고 뛰며
산을 지키는 쓸모없는 나무들을 보며
운명의 실타래의 끝의 눈빛을 읽는다
내 손끝 발끝에 핏물이 맺혀 있음에

그래도 나에게는 조국이 있기에
찢어진 모자익의 향내를 주워 모아
희망을 꿰맞추어 보며
잃어버린 숙명의 파열음에 긴 한숨을 토해낸다
아스라져 간 나의 육신 밤하늘 별빛 속에 불태우고
파열된 오케스트라의 허무 속에 눈물도 흘려본다

오! 나의 조국 나의 동족
네가 있기에 나의 생존이 있음을
그믐밤 선지피 흘리는 여명에 이슬 꽃 슬프게 피었다
오! 나의 조국 나의 동족
네가 있기에 나의 생존이 있음을.

중국인들의 힘

매일 시내 중심가 사무실을 찾을 때
야산 같은 산봉우리
그 야산 길에 묻혔던 한 많은 중국인들
그 공동묘지에 묻혔던 중국인들의 유골
어디로 갔는지 소식도 없고
6차선 찻길이 뻥 뚫렸다

언제나 이맘때면 그 길가에
흐드러지게 피어난 라일락꽃의 형형색색
캐나다 동서를 잇는 철길
150여 년 전 노무자로 찾아왔던 그 중국인들
백인들이 관통하지 못한 동서를 잇는 철길을 열고
한 많은 세상을 마쳤다지

오늘도 백인 젊은 학생들 중국인을 보면
차이니스 차이니스라며 놀란다네
이 말의 뜻은 너는 우리의 노예였다는 뜻이라고
중국인들 얼굴을 붉히며 분노를 참지 못하고
백인들 힐책하며 너희들이 못한 철길
우리 조상들의 피와 눈물로 이루었다 한다

역사는 돌고 돌아
지금 캐나다 인구 3천 5백만 중 중국말을 하는 자
10%이상이며 시장 어디에나 중국 상품으로 넘쳐난다

헤헤헤
어느 민족은 남이 나보다 나으면 못 봐 준다는데
남의 말 하지 않고 모르는 사람들도 대가없이 서로 돕는
중국 사람들
도대체 말은 없고 웃음소리뿐
그 웃음 속에 중국인들의 힘이 있음을.

청마青馬(甲午年 新年 詩)

청마야 뛰어라
흰 저고리 삼베바지 입고 달려라
오대양 육대주에 뿌린 씨앗
고조선의 아사달이
신단수 아래 백두대간 얼싸 안고
뛰어라 달려라

푸른 하늘에 닿을 정염
5천년 역사에 꽃을 피울 그리움 있어
꿈길 속에 설레는 民族魂은
愛隣에 파도치는 푸른 들녘
그림자에 물든 非情의 咸默을
너도 알고 나도 알리라

태양은 역사 위에 춤을 추는 情氣
너의 靈魂 잠재우는 아득한 希望의 浮標
가자 가자
뛰자 달리자 그믐밤 달무리 헤치며
새날의 榮光은 무궁화 꽃 피는 大地여라.

커피 香

언제 찾아 왔던가
알 수 없는 연모의 정으로
매일 아침 커피 잔에 내 입술을 빨며
너의 입술에 키스를 하는 이 환희
나는 몽유병 환자가 되어 너를 만난다

오늘 밤은 커피포트에 물 끓는 소리 들으며
몸 속 깊은 곳에서 경련을 일으키는 황홀경
하룻밤의 홍역을 치르는
배신의 칼날이 있음을
가늠할 수 없는 열정의 허무

숨어 울고 있는 너의 감미로움을
커피 향 너는 나를 모른다
너의 마음 이방의 들녘에 피어난
쑥국의 향내임을.

콜로세움

플라비오란 원명의 콜로세움
그곳에는 죽어간 사람들의
피와 눈물이 불타며 흘러내리고 있었다

기원후 72년에 베스파지누스 황제란 자가
시공 8년의 공사 끝에 준공된 너의 위용
100일간의 축제 속에 완공된 너는 무엇을 남겼느냐

네로의 어머니는 그의 남편을 죽여
아들인 네로를 황제란 자리에 올리고
황제가 된 네로는 그의 어머니를 죽이고
아 무섭고 더러운 악덕의 소굴이 거기에서 숨쉰다

그곳에 5만 명의 관중이 모여
맹수가 사람을 물고 뜯어 피가 튀는 죽음의 향연을 보며
그 야만 행위의 축제는 무엇을 남겼느냐
답을 해다오 무심한 세월아

역사에 남은 것은
황금과 우주와 자연 그리고 너와 나

잠 못 이루는 무수한 별들과 풀잎과 생존 경쟁뿐인데

가도 가도 끝이 없고
풀 한 포기 솟아나지 않는 검은 돌덩어리에 어린 눈물
새 한 마리 날지 않는 창공에 길손들은 합장을 하고
언젠가 죽고 죽이는 역사 앞에 평화의 꽃이 피려나.

주 : 기원후 80년에 완공된 콜로세움은 '베스파지아누스' 황제가 시공을 하고
　　그의 아들 '타투스'가 완공을 했다 한다. '네로' 황제는 그리스도인을 핍
　　박하고 죽이는 장소로 이곳을 사용했다 했는데 많은 그리스도 교인들이
　　순교한 곳으로도 유명하다. 이 건물은 '벨라리움'이라고 하는 거대한 천
　　막 지붕으로 햇살이 강할 때나 비가 올 때에 관중들을 보호했다. 4층으
　　로 축조된 이 건물은 맨 아래층에는 황제, 원로 의원들, 베스타 여신을
　　모시는 여사제들 2층에는 무인, 3층에는 로마 시민, 4층에는 일반인들
　　과 여자들의 자리였다.
주 : 2010년 온 가족과 이태리 여행중에서.

타고 있는 고목

내 마음 속에 타고 있는 숯불
타다가 타다가 재가 되는 저 가슴속을
누가 지나가고 있을까

내 마음에 향불을 밝힘은
꽃으로 피어나는 황혼녘일까

바람은 내 가슴 속을 더 태우며
먼 산을 삼켜 버렸다

타고 남은 내 마음에 재를 뿌리는
남쪽 나라 야자수 밑에서
한 송이 꽃으로 피어나고 싶은
눈물을 너는 모르리라.

트라우마

용암물이 흘러내린다
때로는 찬물이 되어 뜨거움을 식힌다
뜨거움과 차가움은 인간이 살아가는 곳이다
그곳에 꽃이 피고 새들이 울고 있다
나는 언제부터인가
너와 나를 부정하는 습관이 생겼다
망각의 세상에서 허우적허우적
바람은 불지 않고
눈물이 흐르지 않는다
이 변태는 뭉크 화폭의 사랑이다
네가 나를 모르니 나의 변질된 심성은 고사목이다
고사목은 죽어야 한다고 킥킥 웃고 있는 사람들
거기에 나의 자존은 눈물이다
나는 오늘도 이 허탈의 눈물을 흘린다
사막을 찾아가는 용암물이 되어.

주 : '에드바드 뭉크'(Edvard Munch)는 노르웨이 출신의 전위 화가로서
    (1863-1944) 생존했다. 그의 명작 '절규'는 시인 '오브스트 웰다'의 시
    를 즐겨 읽었고 그의 절규라는 작품은 경매가에서 '피가소'의 누드 경매
    가 1억 650만 달러보다 더 높은 1억 1992만 달러에 팔려 최고가를 기
    록하고 있다. 그는 생존의 허무를 절규하면서 일상에서 정의와 진실이
    외면당하는 슬픔을 절규라는 화폭을 담아내었다 한다.

폼페이의 탐욕

기원후 79년의 일이었다
그때도 사람은 살았고
지금도 사람은 살아가고 있다

그때도 지금도
사람은 부귀영화와 향락을 좋아 했고
죽기 싫어서 신을 찾았다

그러나 생과 사는 하늘에 심어 놓았다

베스비오 산
그 산의 높이는 2500미터였고
처음 화산은 탐욕의 제물이었고
두 번째의 화산은 9시간 후
산에서 터진 화산의 불꽃이 9시간 후에
허공에 떠 있던 화산 불덩어리가 육지로 떨어짐으로
2만 명의 폼페이의 사람을 재로 만들었다

끝없는 탐욕의 죄악이 없었으면
9시간 동안 어디론가 탈출을 했었다면

바실리카 제우스 아폴로 신전도
사창가에서 성교의 체위를 가르쳐주던 벽화도
인류 최초의 목욕장 스타비아네의 파이프도
12000명을 수용하는 콜로세움도
솔잎의 서걱임에 바람을 일으켰을 것이다

폐허 위에 울리는 적요
하늘아 지구야 사람아 울지 마라 울지 마라
나는 너의 꿈과 생의 옷자락을 만지며
파란 역사에 새로운 탐욕에 꽃을 피운다.

주 : 처음 화산이 터진 후에 인구 2만 명중 40%인 8천 명이 노예였는데 화
    산이 폭발한 후 많은 사람들이 나폴리 등지로 피신을 했다가 화산이 다
    시 일어나지 않음을 감안 폼페이로 돌아와 금은보화 등 재화를 가져가
    려 하는 순간에 허공에 떠 있던 2500미터 산이 화산의 불덩이로 공중
    에 있다가 불벼락과 라마를 이루며 떨어져 내렸다 한다. 어쩔 수 없이
    2만 명이 죽은 참사였는데 놀라운 것은 부유한 자들이 도망을 갔다가
    다시 돌아와 금은보화를 가져가려 했다는 것은 이해를 할 수 있으나 노
    예들이 왜 탈출에서 다시 상전을 따라 그곳을 찾았을까 하는 생각이며
    처음 도망지에서 돌아오지 않았어도 생명을 유지할 수 있었을 텐데 이
    충직한 노예들의 죽음이 안타깝게 가슴 속에 각인되었다. 이렇게 예나
    지금이나 돈, 그 돈의 탐욕은 죽음을 가져왔음에 시사하는 바가 크다는
    생각이 들었다.

플로렌스(피렌체)

문예부흥의 진원지
플로렌스 너를 찾아 내가 왔다

다빈치 마키아벨리 단테 미켈란젤로가
어이 이렇게 늦게 찾아왔느냐고 힐책을 한다

옆 동네 피사에서는 갈릴레오가
나를 보고 가라 해서 그곳에 가서 그와 악수를 했다

도오모 성당을 끼고 유유히 흐르는
아르뇨 강가에서 떠난 임들을 그리워 그리워하니
밤하늘의 별들은 바람에 휘날리며 눈물을 흘린다

도오모 성당 앞 광장에서는
파바로티와 밀바가 트럼펫에 울려 퍼지고
실내외 300석을 넘나드는 자자(ZA ZA) 카페의
키엔티의 적색 와인 한 잔
며늘아기 아버님 건배라며 술잔을 높이 들고
3달된 손녀 딸 하늘이(조이) 방긋 웃는다

피 눈물 나는 역경의 생존 드라마
인생은 최선을 다해
성실히 살고 볼 일이라는 생각을 하며
내 영혼을 잠들게 하는
도오모 성당 앞에서 방울방울 눈물을 떨구었다.

하루

나 오늘 실존의 그늘에서
죽음과 죄, 희망과 고뇌를 안고
'야스퍼스'를 음미한다

때로는 인간 생존의 인간성의
회복을 찾으며 너의 사랑을 엿보는
'사르트르'가 되었다

그러나 너의 존재는 까마귀가 되었다가
까치울음 소리로 들리며 여명을 열고
새 아침이 오면 태양빛을 토해내는 너를 본다

네가 숨을 쉬기에 빛은 볼 수 있어도
슬픔은 하루 속에 영원을 노래하며
촛불로 밝히는 석양을 맞이하누나

나의 하루는 네가 주는 사랑에 있고
너의 그리움은 방탕의 눈물로 아롱지는
절망적인 고독으로 몸부림을 치는

아아!
죽음이란 명제가 하루를 삼키며
사람은 언제나 혼자 가는 길임을.

주 : 야스퍼스는 독일의 실존주의 철학자로 철학은 존재의식을 변혁하고 사
물에 대한 내적 태도를 바꾸는 것으로 네 가지의 한계상황 즉 죽음과
죄와 싸움과 고뇌를 들고 인간은 누구나 이 네 가지의 한계상황을 벗어
날 수 없다고 피력했다. 사르트르는 프랑스의 무신론적 실존주의 철학
자로 실존주의는 휴머니즘 즉 인간성의 실존에 근거함을 역설했고 실존
주의 사상을 세상에 널리 퍼트린 철학자로 이해하고 있다.

한 남자가

한 남자가 하늘 위를 걸어간다
허공 위에 떠 있는 발걸음이 떨린다
무서워서 떨리고
더러워서 떨리고
춥고 더워서 떨리고
째깍거리는 시침의 울음소리에 떨고 있다

꽃이 피어나더니
꽃잎 속에 진드기가 응고되어 가고
나비 한 마리 앉아 꿈틀거리니
꿀을 쏟아놓은 꿀벌이 울고 있다

밤하늘의 수많은 별들과
불어주는 바람소리는 시냇물로 흘러간다

빛과 어둠 사이
하늘만 쳐다보는 한 남자
하늘에서는 살아온 생존이
억울하고 분하다며 눈물을 흘린다.

이름 모를 산을 오르며

해맑은 햇살
시철나무 사이에 깃털이 반짝인다
내 몸을 난자하는 인디언의 타액들
괴암절벽이 운무를 토해내듯이
아찔한 현기증이 발생한다

오르고 또 오르고 나면
전설 속에 남아 있는 티끌들은
사계절 변화무쌍한
민들레꽃들이 손짓하는 모습이어라

걸음걸음에 아름다움 묻어두고
너는 나의 천상의 연인이었으니
이방의 나그네 한 생애 살아온 인연
목숨보다 귀한 내 사랑이어라

북극의 긴 겨울 나의 발자국 소리에
왔던 길 휘청이는 눈물방울을
끊을 수 없는 메아리의 절규를
산아, 산아 이름 모를 나의 친구야.

이름 하나

그 꽃잎에 내 마음을 담고
얻지 못할 마음에 꽃을 피워본다

인연의 탯줄은 죄의 밧줄로
허공에 쏟아놓은 눈물
지평선 위에 뚝뚝 떨어지는 유성이다

억만 겁을 더 불러보는 이름 하나
하늘과 땅 속에 묻고 기체가 되어 날아가는데
꽃잎이 다시 피어나는
멀고 먼 피안의 언덕을 보라

다시 피어나는 생의 절규는
언제나 순애의 울부짖음이었다

냉동고같이 얼어붙은 입김
세파에 아무렇게나 던져진 나신을 만지면서
찾을 길 없는 이름 하나 불러본다.

잊지 말아주오

꽃이 피었다가 사라지는 것
피어날 때까지의
속으로 울고 있는 너의 화사함
혹한에 불어주는 바람이어라

자연의 이법의 신비를 아는지 모르는지
폭풍우는 어제와 같은데
나는 그 자리에서 너를 기다리나니

어이 하려나
어이 하려나
떠나도 떠나지 않는 너의 모습
민들레꽃 흰 머리털로 날고 날아가는
정처 없는 그리움 어이 하리

아아
이 호수의 멀고 가까운 곳의 노래
첫 여인의 앵혈로 잠이 드누나.

주 : 캐나다의 로키산에는 12000개의 작고 큰 호수가 있다 한다. 인생살이
    답답하면 찾아가는 호수 이 호수의 이름은 '나를 잊지 말아주오'다. 이
    얼마나 아름다움을 간직한 호수인가. 나 오늘도 그 호수를 찾아가서 내
    마음을 바람결에 햇빛 속에 심고 잊지 못할 그 임을 만나노라. 산과 강
    속에 잠든 이호수 억만 년의 풍상을 안고 고고히 숨을 쉬고 있는 신비
    의 호수 이 아름다움을 어이 하랴.

자화상

나 자신이 못 견디게 미운 날도 있습니다
밉기에 버리고자 해도 버리지 못하는 것
그것이 나인 것 같습니다
흐물흐물 독하고 모질지 못한 성품
연약한 마음의 허세의 자존심
그 속에서 숨을 헐떡입니다

때로는 모든 사람들이 나보다 잘났다는 생각으로
누구를 탓하는 것보다 나의 잘못으로
각인하며 참고 또 참으면서 살아야 했습니다

미친개들이 거리를 누비고
위선이 진실로 활개를 치는 거리를 거닐면서
눈감고 귀 막고 입 다물며 살아야 하는
나의 성품이 한없이 밉게 생각될 때도 있답니다

허수아비같이 살아온 삶에서
자학의 늪 속을 걸어가는 삶의 맛
그 속에서 생의 참맛을 찾으려는 나는
바보 중에 바보임을 알면서 산을 오릅니다

때로는 풍랑에 휩쓸려가며
때로는 한없는 나락으로 떨어지면서
그렇게 살아가는 것이 인생이라는 생각에서
남에게 상처를 입히지 않으려고 살아온 인생
가끔은 패륜아가 되어 나를 잊고
버리고 싶은 날이 있답니다

언제부터인가 시라는 것을 접하고
시를 쓰지 않고는 살아갈 수 없는 나날
시를 쓴다는 것 문학을 좋아한다는 것
그것은 약한 자들의 무덤이라는 것을 알면서
오늘도 독백의 시를 쓴답니다

구토를 하면서 아무도 읽지 않을
시를 쓴 답니다.

절규의 기도

잃어버린 모든 것
가지려 했던 기쁘고 슬펐던 모든 것
어차피 한번 왔다가 한번 가는 길
이승에서 가질 수 없었기에
저승에서 가지시기를 바라는 것
그 무엇

존재의 의미

눈물의 씨앗이었나
하늘을 안고 숨 헐떡이는 풀잎
생존의 피 말리는 빗줄기
온 데 간 데 없는 저 넓은 대지
갈 길을 잃었다

잊어버렸던
세월의 뒤안길의 몽상
나는 그것을 알지 못했다

일분일초의 순간들
지구 속의 한 점의 먼지를
이 보잘것없는 존재의 의미를
고뇌의 빛깔은
갈 곳을 잃었다.

죽도록 사랑해

미움의 깊이는
사랑의 깊이를 못 다한 것
보아도 보아도 보이지 않는 것
올라도 올라도 오를 수 없는 천상
가져도 가져도 모자라는 애틋한 몸부림
죽이고 싶도록 미운 사람
또 무엇을 어떻게 해야 하나

가끔 보이지 않는 곳에 입을 맞추면
꽃잎 하나 피어나 수줍어하는 모습
내 몸 안에 쌓여 있는 씻을 수 없는 상처들을
허공 속에 둥둥 띄우고
공기를 마시며 공기를 마시지 않는 절규로
모락모락 김을 피워 올리는
아아! 숯불처럼 피어난 저 눈물.

초코파이

초코파이는 울었다
목 놓아 울었다
기쁨에서 슬픔에서 울었고
그 감칠 난 맛 때문에 울었고
더 먹고 싶어 울었고
조국의 통일을 염원하며 울었다

336gr의 초코파이
북쪽의 장마당에서
남쪽의 오리온 제과 공장에서
7천만 동포들의 심금을 울리며
언젠가 그 날 꽃으로 피어날
그 날을 그리며
목 놓아 울었다

그 울음 환희의 천둥소리
태양도 별빛도 달빛도
70억 세계의 사람들도
자유와 사랑을 노래하며
광풍으로 울어줄 새들의 울음소리여라.

닐 다이아몬드 공연
(NEIL DIAMOND SHOW)

어느 동네 아이스하키 경기장 2만여 명의 관객이 환호
한다. 지구의 반대쪽 네팔이란 나라에는 아비규환 속에
속절없이 사람들은 죽어만 가는데. 어느 구석진 좌석에
바나나 두 쪽이 배꽃같이 하이얀 얼굴들 속에 쌓여서 오
아름다운 캐롤라인이란 노래를 듣는다. 이래서 세상은
요지경이란 생각을 하면서.

손들을, 손들을 맞잡아라(HANDS, TOUCHING HANDS)
붕붕붕 풍악을 울려라. 손이 닿지 않느냐, 나의 손을 잡
아라,너의 손을 잡아라(REACHIN OUT, TOUCHING
ME, TOUCHING YOU)붕붕붕 풍악을 울려라.

아 아름답다. 지구의 모든 인류가 서로 서로 손을 잡고
아름다운 캐롤라인을 만나고 그녀를 사랑하듯 살아가면
얼마나 좋을까. 긴 한숨은 허공에서 눈물을 흘린다. 정
처 없는 위선의 눈물을 흘린다. 누군가를 원망하건만 밤
하늘은 파아랗고 별들은 아름답게 수를 놓고 먼지 같은
나의 생존의 뒤안길을 본다.
어디론가 흘러 간 내 청춘의 강물 공수래공수거의 강물
속을 흔들고 지나가는 갈대들 갈대들의 邂逅는 인연의
꽃으로 반짝인다.

오! 따뜻한 몸과 마음이여 따뜻한 마음을 주고받자 인류의 따뜻한 마음이 닿을 때 내 마음도 전해지고 너의 마음도 내 마음에 사랑으로 전해지리라. 절망과 죽음의 영혼을 향하여 찾아가는 오아시스 그곳에는 차이코프스키의 비창이 아련히 연주되는 밀림. 나는 그 밀림 속에서 핏자국을 남기며 걸어간다.

보스턴 붉은 양말 야구 구단의 응원가 아름다운 케롤라인은 불 꺼진 스타디움에서 여섯 번째의 앙콜을 소화하는 다이아몬드 씨 앙코르는 계속되고 관중과 싱어는 하나가 되어 밤이 가고 여명이 온다. 지구는 한 울타리 우주는 한 울타리 한 지붕 안에 멀고 먼 듯한 당신을 만나듯 죽음으로 가는 숙명을 안고 꽃과 잎으로 피어나며 함께 살아가고 있음이여. 외진 길에 가로등 불빛 반짝이고 등댓불 웃음 짓는다. 순애의 죽음으로.

할단새

왔던 길을 뒤돌아볼 수 없다면
날아볼 수 없는 새들의 울음소리일 거야
오솔길은 아득한 추억으로 남아 있고
그리움 멀어져 간 꽃송이들
생존의 애증 속에 남아 있는 것
할단새 되어 울어볼 일이다

사막에 오아시스가 없다면
불사신의 영겁에 풀벌레 울음소리 들리고
아프기만 한 피맺힌 고독을 안고
이슬 꽃에 피어나는 나팔꽃은
마른 풀잎 삼키며 울어 볼 일이다

오솔길은 석양노을을 밝히는
빨갛게 익은 임의 입술로 나를 부르는데

주 : 할단새(히말리야 산맥 해발 3,500미터의 산 속에 산다는 전설의 새. 눈
보라에 떨면서 밤을 지새우고 낮이 되면 다른 곳으로 가리라 작심을 하
면서도 날이 밝아도 다른 따뜻한 곳으로 가지 않고 다시 그 추운 산골
깊은 곳에서 둥지를 틀고 살아가는 새다.) 필자도 내일은 조국으로 아
니면 다른 나라 이태리로, 혹은 다른 지역으로 이주를 해서 살리라는
생각을 하면서 현재 이곳 한 곳에서 수십 년을 살고 있으니 전설의 할
단새와 무엇이 다른가. 그래도 옛정 그리워 오솔길을 찾으려 하니 그리
움만 도사린다.

노을

노을이 사라지던 날
온다 간다 말없이 떠난 그 사람
여명을 입에 물고 승천을 했다네

긴 세월 금빛 실타래를 풀고 풀고
촛불처럼 타고 있는 속으로 울고 있는 노을
찾지 못할 길 찾아 떠나는 저 보헤미안
파도를 헤치는 통통배로 떠 있다네

폭염과 태풍에 울고 웃던 나날도
라일락꽃 피는 듯 사라지는 노을빛
떠나간 세월은 오지도 않고
저녁노을만 오는 듯 사라졌네요

허공에서 울어주는 까치 울음소리를
어찌 하려나.

빛

깊은 잠에서 깨어난 아침
창 밖에 밝은 햇살이 나를 맞이하면
상쾌한 빛의 그림자를 본다

아침은 하루를 열어주는 빛과 그림자
그 빛의 광채에 새들이 노래한다

나는 눈 속에 덮인 뚝방길을 걸었다
안더슨 고속도로에
생존을 열어주는 차량들의 불빛
빛은 아침을 여는 희망이다

찢어질 듯 들려오는 차량의 소음들
사느냐 죽느냐
성취를 위한 저 태양빛이 슬프다.

왔다가 가는 것을…

잘나도 가고
못나도 가는 것을
눈 감으면 지나온 발자국 흙 속에 묻히는 것을
일장춘몽 뜬 구름의 노래를
어이 모른다 할쏘냐

내 잘났다 네 잘났다 하며
야심만 뿌린 저 하늘 아래
장미꽃 목화 꽃에 문신을 새기며
너와 나는 어디로 가느냐

바람 따라 인심 따라
정처 없이 떠 있는 환청을
혼자서 누리는 꿈은
아무도 모르는 강물로 흘러가는 것을
슬프고 외로운 생의 뒤안길
아름다운 꽃씨를 뿌리며 살아나 보세.

욕망

누군가에게 물어 본다
해가 뜨고 해가 지고
달이 뜨고 달이 지고
서풍이 불어주며 가는 길을 아는가를

묻고 또 묻고
알고자 하면
종착에는 죽음의 이법에
만월이 싱긋이 웃음 짓는 모습을

너도 나도
채워도 채워도 채워지지 않는 그리움을
영원히 찾을 수 없는
어두움의 장막을 삼키는 모습으로.

참회

생존의 연을 날린다
인연의 고리가 곡예를 하며
끊어질 듯 끊어질 듯 하늘을 날고 있다

살아오면서 두 무릎 꿇고 앉아
나도 모르게 남에게 주었던
씻을 수 없는 상처에
내 언젠가 참회의 눈물을 흘렸던가

악하고 간사한 마음이
태양빛 따라 위선의 강물로 흘러갈 때
또 얼마나 많은 고통을 삼키며
이별하는 생존의 뒷모습을 보았던가

석양 노을 깊어간 계곡의 적막 속
허수아비의 눈물은 흐르고
아득한 생존의 끝자락에
파도소리 들려도 말 없는 산(山)이 그립다

공허한 사랑의 종소리
공동묘지의 이름 없는 죽음의 비문에

흘러내리는 빗물은 참담하기만 한데
오늘도 새떼들은 지지배배 울기만 한다

주 : 인생사는 위선과 가변의 연속인데 반성하는 자 볼 수 없는 안타까움을
어찌 해야 하나 모든 것이 썩었고 썩어가는 저 생존의 뒤안길 가변의
진리는 양심을 찾으며 반성하고 참회를 하는 모습은 없다. 나 내 양심
을 지키고 그 양심이 변함이 없는 지조를 간직하며 한 세상 살아가고
싶구나.

높고 낮은 곳
남기고 싶은 말

　무작정 멀고 먼 길을 걸어왔다/ 아무도 기다려주지 않는 길 임을 알면서 걷고 또 걸어왔다/ 낮은 곳은 보지 않았고 높은 곳 만 찾아서 걷고 또 걸어 왔다/ 아무도 모르고 알아주지도 않는 길/ 그 길 서산마루에서 슬피 울고 있었다/ 꼴깍하고 해 넘어 가는 것을 상상도 하면서 절망감에 산까치는 잠을 잃었다/ 앞뒤 좌우를 보니 보이는 것은 폭풍우로 울고 있는 바람소리/ 바람을 휘어잡고 바람을 타고/ 구름 위를 걸었다/ 뜬 구름은 정처 없이 흐르고 구름 사이에 새 한 마리 퍼덕인다/ 살아가기 위한 투쟁인가/ 아사트라는 사람도 죽어갈 텐데/ 자기의/ 민족은 갈 길을 몰라 허덕인다/ 아이스라는 테러 조직은 사람을 죽이고/인류 역사를 파괴하며 쾌락을 일삼는다

　지중해의 맑은 물 위에 돛단배 하나 떠도 3살 된 아기는 구하지 못했고 우주를 정복하는 과학의 힘도 3살 소년을 구하지 못했다/ 인류가 인류를 구하는 길은 그 어떤 과학문명과 부유함이 아니다/ 참회의 눈물/ 게르만 민족의 참회의 눈물이 사람들을 구하려 한다/ 두 손바닥이 터지도록 게르만 민족의 참회의 정신에　박수를 치며 환호를 하고 싶다/ 양심이 살아 있기에 아직은 이 지구에서 살아갈만한 세상이라는 것을 각인해 본다/ 인

과응보의 진리를 무시하는 쪽발이들은 이 엄혹한 현실을 어떻게 받아들일까/ 방황의 언덕에 엄동은 온다

높은 곳을 찾아 오하라 호수 산 정상에 올랐다/ 해발 1만 피트 상공에 만년설에서 녹은 물은 명경지수다/ 내 마음 호수 속에 담그니 왔던 길 가야 할 길 높고 낮은 곳이 보인다/ 아니 보이는 것 같으면서도 아무 것도 보이지 않는 무아의 경지에 다다른다/ 문득 높은 곳은 어디이며/ 낮은 곳은 어디일까/ 잘난 사람도 빌 게이트라는 세계의 일등 부자도/ 높고 높은 곳의 한계를 찾지 못하고 떠날 것이다/ 어떤 고난과 슬픔을 영위하면서 살아가는 사람들도 낮고 낮은 곳을 찾아 간다 해도 그 낮은 곳을 찾지 못해 보고 떠난다/ 지금 철새처럼 이동하는 시리아 난민들이여 슬퍼하지 말라/ 그렇게 한세상 왔다가 떠나는 생존의 파도로 생각하며 자위하라

일하고 잠을 자고 사랑을 주고받고 이 일을 계속하면서 살아야 하나/ 살아 있다는 것이 가끔은 치사하다는 생각에 분개도하며 머리를 숙인다/ 앞만 보지 말고 뒤를 보려 하니 눈물과 회억의 바람소리 높낮음의 순리가 나를 슬프게 한다/ 어쩌자고 밥을 먹어야 하고 가을 국화꽃 옆에서 울어야만 하나

아! 사랑이여/ 언제나 행복만 찾아 주지 않는 사랑이 있음을 알면서 살아가자/ 이 순간 철새처럼 방황하는 시리아 난민들도 있고/ 아사트라는 흡혈귀도 존재하는 모순/ 높고 낮음은 산과 평지 바다의 깊고 얕은 곳에 그 진리가 있음을 알자

이유식 시집 〈멀고 먼 당신〉 평설

디아스포라, 떠나기와 그리워하기의 생태 역학

김 봉 군

문학평론가/가톨릭대학교 명예교수

1. 여는 말

바빌론 포로 생활 이후 유대인들은 세계 각지로 흩어
졌다. '디아스포라(다이애스퍼러)'는 그렇게 흩어진 유대
인들이나 그들이 간 곳을 가리키는 말이다. 그들은 하나
님 말씀을 거역하고 구주 예수 그리스도를 십자가에 처
형하게 한 징벌로 고국을 잃고 산지사방으로 유리표박流
離漂迫하며 수난의 생존에 부대꼈다. 급기야 히틀러의 오
도誤導된 생물 진화론의 광기에 휩쓸려 6백만 명이나 원
혼冤魂이 되었다.

우리 민족의 디아스포라는 고대의 가야·백제·고구
려·발해의 멸망 시기에 현저한 유리 현상을 보였고,
원·청·일본에 끌려간 고려·조선인들이 뒤를 이었다.
20세기 전반 일제 강점의 대일 저항기에는 일제의 강제
징집, 징용으로 학정과 궁핍을 피하여, 또는 독립운동을
위하여 디아스포라가 되었다. 1970년대 이후에는 유학
과 이민으로, 미국을 중심으로 한 세계 각국에 7백만여
명의 한국인 디아스포라가 산재散在하게 되었다.

이유식 시인은 캐나다 캘거리에 짐을 푼, 20세기 후반기 이후의 한국인 디아스포라다. 부유한 가문의 도련님이었던 그가 어떤 이유로 디아스포라의 대열에 합류하게 되었는지, 이 시집의 내용만으로는 알 수 없다.

시인은 이 시집을 다섯 무리로 묶었다. '그리움의 저편·동토의 나라 러시아·자화상의 노래·사랑의 진미·자연은 아름답다' 등이다. 시인의 적지 않은 이 시편들을, 의미의 지배소dominent들에 비추어 가붓이 평설에 임하기로 한다.

2. 이유식 시의 특징

이유식 시의 키워드는 그리움, 사랑, 외로움, 눈물 등이다. 이들 키워드만으로도 이 시집의 의미는 유추類推된다. 이들 키워드를 형상화한 이유식 시의 좌표는 어디 있는가?

(1) 디아스포라의 좌표

이유식 시의 좌표부터 확인하는 것이 이 글의 우선순위다.

Calgary란 市의 이름은/ 인디언 원어로 청수라 하며/ 인구 백만 명의 이 市의 중앙에는 언제나 푸른 물이 흘러 간다/ 날줄로 100년의 역사를 엮고/ 씨줄로 별과 달을 엮는 인종 동물원/ 몸에 맞는 이 옷 저 옷 갈아입으며 살아왔다// 끝없는 지평선 위로 들장미 피어나고/ 목장의 소떼들 카우보이의 어깨춤에 덩실덩실/ 의지할

곳 없는 시인에게는 눈물이 고이고/ 염주 굴리시던 어
머니의 환청 식아 식아/ 백년이 쉽게 오고 가는 것이 아
니라 하신다

스탬피드(Stampede)에서

캐나다 캘거리시, 시인의 좌표는 이곳이다. 인구 백만
의 작은 도시, 시인의 삶터인 이곳이 그대로 안식처는
아니다. '의지할 곳 없는'과 '어머니의 환청'이 그것을 말
해 준다. 설명적 서술이다. '눈물'에 눈길이 간다. 이 시
인의 시적 행로가 집히는 지배소(상관물)들이다.

바람 부는 북녘의 들판에 새가 날아간다/ 빛바랜 창문
을 열어라// 내 가슴에 타다 남은 이끼 낀 불씨/ 질곡의
긴 여정 돌고 돌아온/ 달빛 속에 가린 눈물이 어디에 있
더냐//(생략) / 내 자신을 용서할 수 없는 서러움으로/
어머니를 불러본다/ 어머니, 어머니, 우리 어머니.

(어머니)에서

바람 부는 들녘 캐나다의 횡한 들녘 이유식 시인의
서정적 자아는 새가 날아가는 고적한 공간 안에 있다.
타다 남은 오래된 욕망의 불씨, 질곡의 고난이 아로새겨
진 유맹流氓의 긴 발자취에 아롱지는 눈물의 영상은 단지
달빛에 가린 상처의 혼적으로 남이 있다. 서러움의 표징
인 눈물 속에 떠오르는 '어머니'라는 이름, 이는 시인의
총체적 자아의 귀착점이다. 추상적 진술의 몫으로는 ,
이 정도면 설진說盡이다. 누군가가 말하였다. 한쪽으로
깊이 사랑하면 다른 모든 쪽의 사랑도 깊어진다고 제4
부 '사랑의 진미'에 실린 〈어머니〉는 시인이 기댈 궁극적

대상이다 캘거리와 어머니 사이에 이유식 시인의 현존
이 있다.

> 어디에서나 흰 옷 입은 배달겨레의 / 백두산과 한라산
> 정상에서 피어난 무궁화 꽃/ 지구촌 곳곳에 곤칠기 같
> 은 웅비의 날개가/ 펼쳐지도다//오늘 2007년 10월 5일
> / 이 날은 700만 해외동포들의 날/ 어디에서 뿌리를 내
> 렸든 5천 년의 역사의 함성이/ 오늘로 이어지는 삼천리
> 금수강산이 여기에 있다.

한인의 날 제정 선포에 따른(축하 시)

행사시이기에 톤이 높다. 700만 행회 동포들의 디아
스포라, '민족적 집단의식'이 표출된 대목이다. '삼천리
금수강산'과 해외 동포들의 현 좌표가 동일시되어 있다.
'배달겨레'의 '배달'은 '밝은 땅, 광명의 지역'을 뜻하는
'붉달'의 변음變音이다. '달'은 '양달', '응달, 비탈'의 '달
(탈)과 같다. '박달나무 단'자를 쓰는 단군檀君'도 '광명의
땅을 다스리는 임금'이란 뜻이다. 한국인 디아스포라는
'박달 겨레'으 집단적 동류의식으로 자기 동일성(self
identity, nation identity)으로 뭉치는 장면이다.

> 얼마나 사랑했고 그리웠고 보고 싶었던 너였던가/ 디아
> 스포라의 눈물이 천지연 폭포수로 떨어지고/ 7천만 한
> 민족의 통한/ 자작나무 사이사이/ 숨어 울고 있는 바람
> 소리로 남북을 오고 가는구나

(백두산에 올라)에서

영탄과 직설로 진술된 조국애라 '시적 말하기의 발식'을 두고 채근할 대목은 아니다. 조국애, 민족애의 절절한 분출噴出인 까닭이다. '천차만별의 화음/ 이래도 저래도 좋은/ 나의 조국 좋은 나라/ 오! 대한민국.'도 마찬가지다. 떠남과 돌아옴의 팽팽한 텐션, 그것이 디아스포라의 정신적 역학 관계로 상존常存한다.

(2) 다시 떠나기와 그리워하기

이유식 시인의 작품에는 기행시가 적지 않다. 그 중에 러시아, 이탈리아, 도이칠란트 기행시가 대종大宗을 이룬다.

> 황혼녘에 찾아간 이름 없는 나그네의 발길/ 별 그림자는 외로이 떠 내 심장 속 생존이 샘물처럼 솟아나는 환희/ 어두움을 깁는 실타래 풀 길 없는 축포의 노래/ 그리운 바람처럼 볼가강에서 불어주고/ 푸시킨의 사랑의 눈물처럼 인류에게 위안을 주는/ 톨스토이의 초라한 무덤 위에 놓인 장미꽃 한 송이/ 하늘은 어이 저리 높기만 하며
> 심해에서 하늘거리는 해초는 누구를 닮았을까// 오 볼쉐이 대극장의 발레리나들이여/ 영원하라 영원하라 인류의 찬란한 영광을 위하여/ 그믐밤 내 베갯잇에 잠드는 그리움처럼.
>
> (러시아란 나라)에서

러시아 기행시다. 이 시인의 시가 대개 그렇듯이 호흡이 자못 길다. 볼가강의 전경, 대문호 톨스토이의 초라

한 무덤, 푸시킨의 사랑, 볼쇼이 대극장의 발레리나들에 깊은 감회를 담은 시다. 역시 설명적 진술이 대세인 작품이다. 인용된 부분의 마지막 줄 '그믐밤 내 베갯잇에 잠드는 그리움처럼'에서 창조적 상상력의 개성적 서정과 해후邂逅하는 기쁨을 누리는 것은 행운이다.

라도가 호수의 갈매기 울음소리/ 스비르 강에서 왔더냐 / 부오크사 강에서 왔더냐./ 네바 강에서 만난 인연/ 여기까지 와서 너의 품에 안겼노라.//(생략)// 전쟁으로 죽어간 2천 7백만의 영혼/ 이 민족의 수난사를/ 누군들 알까마는/ 여명에 찾아온 서러운 눈물/ 낙화여라/ 풀벌레 울음이어라.

(라도가 호수)에서

이 시에 라도가는 유럽 최대라는 주석이 달려 있다. 독자들은 러시아의 스비르강, 부오크샤강, 네바강의 이름도 이 시를 통해 알게 된다.지리적 위치나 여정旅程은 별도의 클릭을 요청하며 역사의 단면과 서정抒情을 담았다. 여기에 생략된 '부족하기만 하던 생존의 뒤안길 여기까지 흘러온 나는'에는 여행자와 유랑자의 표상이 겹친다.

자작나무 사이사이/ 가을빛에 물들어가는 단풍잎은/ 내가 그리워했던 바로 그 여인이었네

(러시아의 자작나무 여인)에서

이 시인의 이번 시집에서 감각적 이미지로 형상화된

희귀한 한 대목이다. 시의 서술성, 관념성을 극복하는 첩경이 감각적 형상화의 길이다. 서술시나 관념시는 예술적 형상화보다 설명에 기운다.

상상을 초월했던 아름다움들은/ 마약과 범죄 소굴의 대명사/ 세계에서 처음 피자를 개발한 카페/ 반짝이는 내 눈동자의 호기심을/ 산타루치아에 묻어 놓고 나는 떠나왔다

〈나폴리항〉에서

시인은 세계 3대 미항의 하나로 손꼽히던 나폴리를 찾아 탄식에 잠긴다. 시의 모든 행정권을 마피아 집단이 장악한 마약, 범죄 집단의 소굴이 된 나폴리의 전락상轉落相을 아파한다. 프랑스를 제외한 라틴계 가톨릭 국가들의 대체적인 모습이다. 26년 전 로마역에 내린 필자에게 신문팔이를 가장하여 다가서던 소매치기 소년 물의 잔상殘像이 오버랩 된다.

일곱 개의 언덕에 쌓인 로마/ 캄피돌리오 광장에 인류 문명의 증인이 있다/ 너의 아름다움 장엄함과 웅대함을 로몰루스와 레무스이의 늑대상은 말한다/ 누가 있어 이 찬란함을 탓하랴//(생략)// 라떼 한잔 라떼 마키야토 한잔/ 서서 마시는 커피 한잔의 맛/ 길손의 시름은 공화장에서 잠들고/ 미켈란젤로 너는 인류에게 기쁨만 남겨 놓고/ 지금은 어디에서 무엇을 하느냐// 빅토리아 노이 마뉴엘 대제의/ 눈동자는 로마에서 세계로/ 인류의 꿈이 그림자로 꿈틀거리며/ 생과 사의 아득한 역사 위에

멍청이가 된 이 길손을 너는 어이 하려나

(로마)에서

　신화 속의 주인공으로, 늑대의 젖을 먹고 자란 버려진
아이 로몰루스와 레무스이의 늑대상, 천재 미술가 미켈
란젤로, 1870년 동일 이탈리아를 세운 빅토리아노 이마
뉴엘 대제의 로마. 그 시가지를 테베레 강물은 흐른다.

　플라비오란 원명의 콜로세움/ 그곳에는 죽어간 사람들
의/ 피와 눈물이 불타며 흘러내리고 있었다// 기원후
72년에 베스파지누스 황제란 자가/ 시공 8년의 공사 끝
에 준공된 너의 위용/ 100일간의 축제 속에 완공된 너
는 무엇을 남겼느냐// 네로의 어머니는 그의 남편을 죽
여/ 아들인 네로를 황제란 자리에 올리고/ 황제가 된 네
로는 그의 어머니를 죽이고/ 아 무섭고 더러운 악덕의
소굴이 거기에서 숨쉰다// 그곳에 5만 명의 관중이 모
여/ 맹수가 사람을 물고 뜯어 피가 튀는 죽음의 향연을
보며/ 그 야만 행위의 축제는 무엇을 남겼느냐/ 답을 해
다오 무심한 세월아.

(콜로세움)에서

　톤(tone)이 준열한 시다. 피어린 콜로세움, 죄악과
환락의 장면이 교차하는 콜로세움은 학정虐政의 역사를
감추고 서 있다. 역사의 아이러니다. 이는 세속사란世俗
史란 죄와 죽음, 패배와 좌절의 반복일 뿐이라고 한, 독
일 철학자 카를 뢰비트의 저서 〈역사의 의미〉를 새삼 상
기시킨다. 맹수에게 찢기던 기독교도들의 참극과 그에

환호하던 네로와 5만 관중의 환호가 역연한 포징물이 콜로세움 아닌가.

이유식 시인은 그의 기행시에서 사학자, 문화인류학자적 탐구를 드러낸다. 그의 시에서 독자는 사물의 연유와 역사, 예술의 지식을 얻게 된다.

시는 감흥을 북돋우고, 풍속을 보게 하며, 벗들을 모으고 정치를 할 수 있으며 가까이는 어버이를 섬기고 멀리는 임금을 받들며 짐승과 풀 나무의 이름을 많이 알게 한다.

이는 공자의 시관時觀이다. 〈논어〉 '양화陽貨'편에 나오는 말이다. 시의 기능이 감흥 누리기, 풍속의 정화淨化, 교우交友, 치정治政, 효친孝親, 충군忠君, 자연 탐구 등에 있음을 밝힌 것이다. 〈시경詩經〉은 그이 이러한 시관에 따라 편찬된 것이다. 서양의 경우 플라톤의 시관에 닮은 점이 있다.

이유식 시인의 시관은 '충군'의 '군'을 '국國'으로 바꾸면 공자의 그것에 접맥된다. 그는 모더니티modernity를 크게 괘념치 않는 것으로 보인다. 그의 서정적 자아는 개인 윤리, 사회 윤리, 국가 윤리, 범세계적 윤리에 투철하다. 그는 패륜悖倫 앞에서 비분悲憤을 표출한다. 윤리적 자아의 발현이다..

베스비오 산/ 그 산의 높이는 2,500미터였고/ 처음 화산은 탐욕의 제물이었고/ 두 번째의 화산은 9시간 후

산에서 터진 화산의 불꽃이 9시간 후/ 산에서 터진 화
산의 불꽃이/ 허공에 떠 있던 화산 불덩어리가 육지로
떨어짐으로 2만 명의 폼페이의 사람을 재로 만들었다//
끝없는 탐욕의 죄악이 없었으면/ 9시간 동안 어디론가
탈출을 했었다면/ 바실리카 제우스 아폴로 신전도/ 사창
가에서 성교의 체위를 가르쳐주던 벽화도/ 인류 최초의 목
욕장 스타비아네의 파이프도/ 12,000 명을 수용하는 콜로
세움도/ 솔잎의 서걱임에 바람을 일으켰을 것이다

(폼페이의 탐욕)에서

대폭발을 일으킨 베스비오산의 불덩이가 폼페이를 뒤
덮은 것은 기원 후 79년의 일이었다. 첫 번째 불벼락은,
가령 자연재해라 해도 두 번째 불덩이에 많은 사람들이
희생된 것은 탐욕 때문이었음을, 시의 윤리적 자아가 질
타叱咤한다. 인근 나폴리 등으로 피신해 있던 사람들이
집에 두고 나온 금은보화를 가지러 갔다가 두 번째 불벼
락에 참변을 당하였다. 인구 2만 명의 화려한 도시가 잿
더미가 되었던 것이다.

성서에 따르면 폼페이의 대재앙은 동성애자들이 창궐
하여 멸망당한 소돔과 고모라 멸망의 재판이라 할 수 있
다. 욕심이 죄를 낳으며 죄의 삯은 사망이라고 성서는
경고한다.

문예부흥의 진원지/ 플로렌스 너를 찾아 내가 왔다//
다빈치 마키아벨리 단테 미켈란젤로가/ 어이 이렇게 늦
게 찾아왔느냐고 힐책을 한다// 옆 동네 피사에서는 갈
릴레오가/ 나를 보고 가라 해서 그곳에 가서 그와 악수

를 했다// (생략)//도오모 성당 앞 광장에서는/ 파바로티와 밀바가 트럼펫에 울려 퍼지고(생략) //피 눈물 나는 역경의 생존 드라마/ 인생은 최선을 다해/ 성실히 살고 볼 일이라는 생각을 하며/ 내 영혼을 잠들게 하는/ 도오모 성당 앞에서 방울방울 눈물을 떨구었다.

(플로렌스‘피렌체’)에서

이 시의 특징은 내용과 시 형태가 합일을 보인다는 점이다. 6개 연의 분량이 점증형漸增形이고 정서와 의미가 기·승·전·결로 전개된다. 시행詩行의 배열이 2·2·2·3·6·5줄씩으로 되었고, 처음 세 연은 단·중//중·장//중·장·장//중·장·장·중·장·장//중·단·중·단·장의 배열 형태를 보인다. 드물게 정제整齊된 시다. 서정이 안정된 덕분이다. 그럼에도 그는 눈물짓는다. 정화淨化된 눈물이기에 색다르다.

르네상스의 본향을 찾은 시인의 감회가 독자와 감동 소통하기에 부족하지 않게 표출되었다. 시가 리듬을 타고 있어 좋게 읽힌다. 낭송에 알맞다.

72세의 괴테가/ 18세 소녀 마리안나 본 빌레미야와/ 열애를 하며 걸었던 길을 걸었네// (생략)// 어느 누가 본능에서 우러나는/ 진솔한 사랑의 샘물을 탓하랴만/ 그 사랑 나도 한 모금 마시고 싶어/ 하이델베르크 성에 올라/ 내 사랑 나의 조국 나의 동포를 찾으며/ 고함을 질러 보았네

(괴테의 사랑)에서

16-17세기 동안 독일의 문화 · 예술 · 철학 · 종교 · 혁명의 중심지였으며 노벨상 수상자를 54명이나 배출한 하이델베르크대학이 있는 인구 13만의 도시, 프랑스와의 30년 전쟁에서 정복당하지 않은 유일한 하이델베르크성에 올라 조국과 동포를 그리워하는 시인이 디아스포라로서의 자기 정체성을 확인한다. 괴테, 헤겔, 카를 야스퍼스, 막스 베버를 배출한 하이델베르크대학 아래로 네카르강은 유유히 흘러간다.

이유식 시인의 떠남, 유랑의 서정은 다뉴브(도나우)강에서 '눈물'로 맺힌다.

다뉴브 강에 노을이 진다/ 요한 스트라우스와/ 앙드레 룹의 왈츠곡이 2800km의/ 다뉴브강 언덕에 낙엽으로 날아간다// 강에 뿌려주는 초추의 달빛에/ 멀리멀리 날고픈 이방인의 혼령/ 부다페스트에서 맺은 인연/ 흑해에서 울고 있는 왈츠의 음계가/ 다뉴브강 연안에 뿌리 내린 혼혈의 민족이어라/ 그 눈물과 역사/ 너와 나의 고독이었음을//아메데올라는 홈통의 강이라 했고/ 홈통의 강은 지구상의 순수한 혈통을 멀리한 채/ 하나로 되어야 하건만/ 내 가슴속에 불타는 시나브로의 편린은/ 바이킹 유람선의 문풍지로 흔들리는/ 청노루 꿈을 꾸는 세속의 눈물이어라.

(다뉴브 강의 노을)

디아스포라의 자기 정체성에로 견인되는 구심력과 흐르고 합치는 혼성적 인류사의 원심력 사이에서 서정적 자아는 울고 있다.

(3) 그리움과 사랑의 서정

이유식 시인 시의 정수精粹는 그리움과 사랑의 언어질서the oder of language 속에서 제자리를 찾는다. 앞에서 본 기행시는 그 서사성敍事性 때문에 텐션tension이 풀리게 마련이다. 서정시는 체험이 예각적으로 표출된 것이므로 구심력에 견인되어 언어 구사를 최소화한다. 능숙한 시인은 어떻게 하면 불필요한 언어를 버릴 것인가를 두고 고심한다.

이유식 시의 키워드가 외로움, 그리움, 기다림, 눈물, 사랑이라고 서두에서 말하였다. 기다림은 그리움의 다른 말이다.

- 대양 속에 섬 하나로 떠 있는 나를 봅니다
                              (영원한 기다림)에서

- 끝없는 지평선에 차를 달리며 나그네 생활 서러워 눈물 흘리는 그 사람
                              (사람을 좋아했네)에서

- 아득히 멀리 홀로 떠 있는 섬
                              (곡비哭婢의 울음소리)에서

- 아마 당신의 목소리도 멀리서 나를 부른다
                              (멀고 먼 당신)에서

- 싸하게 불어주는 모자이크한 바람소리
                              (환몽)에서

- 그믐밤 내 베갯잇에 잠드는 그리움처럼
                              (러시아란 나라)에서

- 허이허이 빈손을 흔드는 사람 깊은 겨울 밤 함박눈으로

(갈대와 억새의 이야기)에서

* 외진 골목 뒤쳐진 잡풀로 서성이는 서러움/ 장미꽃
엉클어진 돌담장 길에/ 한없이 심어놓은 눈물 자욱

(꿈의 여백)에서

* 고독에 취한 너의 인형극에 눈물을 지으며/ 너의 영혼
속에서 잠들고 있음을/ 그리움은 말해주지 않더라

(장미의 향기)에서

* 티 없이 맑고 깨끗한 수정/ 눈물방울은 수정이/ 그리
움을 안고 떨어지는 것이다.

(눈물)에서

* 아아/ 죽음이란 명제가 하루를 삼키며/ 사람은 언제
나 혼자서 가는 길임을

(하루)에서

* 민들레꽃 흰 머리로 날고 날아가는/ 정처 없는 그리
움은 어이하리

(잊지 말아 주오)에서

이 열두 구절은 이유식 시의 서정의 핵심을 이루는
것들이다. 그의 시 전편의 서정과 의미, 그의 시업詩業이
란 다소 무리하게 말하여, 이 구절들의 반복repetition과
변리變異, variation, 부연敷衍이라 할 것이다.

대양 속에 점 하나로 떠 있는 자아상自我像은 우리 인
간 모두의 '실존적 고독'이라는 보편성에 가 닿는다. 멀
리서 손짓하고 부르는 목소리는 그믐밤 베갯잇에 잠드
는 그리움을 환기한다. 맑은 수정, 눈물방울은 그리움을
안고 떨어지며, 정처 없는 그리움을 안고, 죽음의 명제
에 순명順命하며, 언제나 혼자서 가야 하는 사람의 길을
서정적 자아는 터득한다. 이것이 이 시집이 시인과 우리

독자에게 주는 결실이다.

미움의 깊이는/ 사랑의 깊이를 못 다한 것/ 보아도 보아
도 보이지 않는 것/ 올라도 올라도 오를 수 없는 천상/
가져도 가져도 모자라는 애틋한 몸부림

(죽도록 사랑해)

인간의 사랑, 그 갈애渴愛의 유한성·미진성未盡性을 직
설적으로 토로吐露했다. 메타포나 상징을 불러오기에는
욕망 수위가 사뭇 원색적이다. 욕망의 주체는 나그네,
길은 사막, 대상은 신기루라고 자크 라캉은 말하였다.
세속사적 욕망, 그 중에서도 사랑을 향한 갈구는 절절하
다. 에로스적 욕망이 신기루라 해도 인간은 욕망이 있기
에 살아간다. 메시아의 재림에 기진氣盡한 시인에게 아가
페적 사랑은 내일의 좌표에서 손짓하는 시공時空이다.

초코파이는 울었다/ 목 놓아 울었다/ 기쁨에서 슬픔에
서 울었고/ 그 감칠 난 맛 때문에 울었고/ 더 먹고 싶어
울었고/ 조국의 통일을 염원하며 울었다

(초코파이)에서

조국 사랑을, 초코파이가 울었다는 의사진술擬似陳述,
pseud-statement로써 표출했다. 남과 북을 이어주는 대유
代喩의 매체로 초코파이를 전경화前景化,foregrounding 하였
다. 이유식 시인이 조국을 떠났지만 떠나지 않은 한용운
적 역설paradox이다. 떠나기와 돌아오기, 원심력과 구심
력의 팽팽한 긴장의 역학관계에 부대끼는 자아의 영상

이 생생이 드러난 장면이다. 그의 자아 표상은 고국과 타국에 함께 견인되는 경계선 이미지border line image다.

외로움은 누구나 간직한 꿈입니다/ 외롭다 하지 말고 하늘을 보소서/ 때로는 먼 산을 보고/ 산 속의 나무들과 이야기를 하십시오/ 행여 멀리서 누군가 휘파람을 불며 내 마음을 찾아오면 눈물을 보여 주십시오/ 외로움은 이런 사랑으로 꽃이 피어난다고/ 고요히 나의 순애의 생존을 고백하소서/ 가끔은 하늬구름과 같이 흘러도 보고/ 밤이면 외롭다 말을 하지 않는 나의 별 하나를 찾아서/ 무한의 대화를 나누어 보십시오/ 그곳에 진실된 그리움이 있습니다/ 그리움이 사랑으로 변해 갈 때에/ 실컷 울어보십시오/ 그 울음소리는 새들의 노랫소리로 시공을 날아가고/ 당신과 나의 외로움은 기쁨이라 합니다

(외로운 사람들이여)에서

인간의 외로움과 사랑에 대한 아포리즘aphorism이다. 외로움의 상관물들을 통하여 지향점을 찾고 공간을 확대하며 채워가는 서술적 이미지의 효과를 살린 시다. 호소력 있는 톤(어조)이 공감력을 얻었다.

내 주변에 어이 이렇게 잡초가 많은지// 뽑아도 뽑아도 솟아나기에/ 나도 잡초가 되어// 하루하루를 열심히 성장해 갔다/ 참 이상한 것은 이 잡초는/ 온갖 살균제와 독한 약을 뿌려도 살아나고 있었다

(잡초의 생리)에서

잡초의 생리, 불굴의 생존력을 다짐한 시다. 어쩌면 낭인浪人일 수 있는 디아스포라, 뿌리박으려 안간힘을 쓰는

그의 생태가 가슴을 친다.

사랑도 그리움도 왔다가 가는 저 햇살/ 내 생존의 넋/
청잣빛 노을과 향나무의 향기로 찾아가는 이 목 마름의
허상/ 그 순애의 꽃/ 낭인의 목줄을 감으니/ 봄날만 간
직했던 그 빛깔/ 종말의 문턱에서/ 절실히 불타는 반딧
불 반짝반짝/ 서풍은 소식 없이 타고 있는데/ 내 가슴에
응고된 실핏줄/ 잊어야 하는 이승의 遺影들/ 절실한 생
존의 허무와 고난을/ 장대비로 쏟아지는 그 비애의 오
솔길/ 어디에서 안식을 찾을까/ 바람 깃은 당겨도 당겨
도 당길 길이 없는데.

(바람깃 당겨)

잡초인 양 생존의 뿌리를 내리고, 유랑의 허무와 싸우
는 디아스포라의 갈망이 허무로 감지되는 것. 장대비 쏟
아지는 비애의 오솔길, 안식을 찾는 나그네의 유랑 의식
이 아프게 다가온다. 그렇다. 디아스포라는 길 위에서
길을 찾는 영원한 길손(〈길손〉참조)이다. 하지만 그에
게는 '빛'이 있다.

깊은 잠에서 깨어난 아침/ 창 밖에 밝은 햇살이 나를 맞
이하면/ 상쾌한 빛의 그림자를 본다// 아침은 하루를
열어주는 빛과 그림자/ 그 빛의 광채에 새들이 노래한
다// 나는 눈 속에 덮인 뚝방길을 걸었다/ 안더슨 고속
도로에/ 생존을 열어주는 차량들의 불빛/ 빛은 아침을
여는 희망이다// 찢어질 듯 들려오는 차량의 소음들/
사느냐 죽느냐/ 성취를 위한 저 태양빛이 슬프다.

(빛)

아침의 밝은 햇살, 빛은 아침을 여는 희망이다. 그럼에도 이유식 시인의 서정적 자아는 이내 절박한 생존과 사멸死滅의 경계선에서 슬픔에 기운다. 그는 역시 한민족, 배달겨레의 심미적 전통을 잇고 있다. 비애미悲哀美이다. 비애와 환희는 표리 관계에 있다. 질긴 비애의 겉살이 환희의 속살이 되는 날, 이유식의 시는 독자들과의 긍정적 감성 소통에 성공할 것이다. 간결하고 리듬이 있는 이 시는 이유식 시인의 시적 활로를 열 것이다.

3. 맺는 말

통일성unity・일관성coherence・완결성completeness은 글쓰기의 기본 요건이다. 이 글은 이민자移民者, 디아스포라의 경계선 이미지, 떠나기와 그러하기 구심력과 원심력의 생태역학生態力學을 통일성・일관성의 줄기로 하여 평설에 임하였다. 각 시편에 대한 평설을 주제부主題部, 예시例詩를 뒷받침 부분으로 하여 완결 지었다.

이유식 시인의 서정적 자아는 청년다운 열정의 분출噴出을 서슴지 않는다. 노숙老熟이라기보다 발랄潑剌이다. 부대끼는 실존에 아파하고, 사회 윤리에도 어조를 높이지만, 그의 서정적 자아는 이민자의 떠남과 그리워하기의 역설적 행로를 그린다. 디아스포라의 민족적 집단의식을 떨칠 수 없다는 뜻이다.

이 글은 '디아스포라의 뜻매김, 기행시의 유맹의식流氓意識, 순수 서정의 회복과 초점화'의 3부로 구성되었다. 기행시의 분량비가 높은 것은 독자와의 소통을 위한 것이다. 백두산과 유럽 주요국 기행에 문화학자적 탐구욕을 발휘한 시인 덕분에 독자들은 심도 있는 기행 체험을 하게 되었다.

이유식 시인의 시적 천분은 스스로 확인하는 과정에 있다. 그것이 다작多作으로 나타난다. 시는 예각적 체험의 재현이다. 산문이 원심력에 견인된다면, 서정시의 모든 감각·정서·상념은 구심력에 따라 초점화한다. 시의 언어는 의사 진술이다. '새가 난다'보다 '날개가 새를 날린다'가 시적이다. 시의 시공에서는 개가 떡을 먹는 게 아니라, 떡이 개를 먹는다. 설명적 서술보다 은유나 상징의 이미지 형상화, 아이러니나 역설의 말하기 방식 the way df saying을 통하여 서정시는 현대화한다. 모더니티의 적절한 수용受容이 필요하다. 말은 필요한 곳에서 필요한 만큼, 필요한 방법으로 할 때 그 효용이 극대화한다. 이는 시의 경구이기도 하다.

평범한 시는 설명하고, 좋은 시는 침묵한다고 했다. 이유식 시인의 시가 '빛과 고요'의 시공時空에서 단 몇 편의 명시名詩로라도 거듭나기 바란다.

이유식 시인의 시를 위한 열정적 분투에 찬사를 보낸다. 시집 발간을 축하하며 다음 시집을 기다리기로 한다.

(2015. 9. 21.)

작가 민초 이유식 연보

● 경북 봉화 출생
● 시인(詩人)으로 호(號)는 민초(民草)

학력 및 사회 경력
● 고려대학교 MBA 석사
● 대한상공회의소 한국경제연구센터 연구원
● 인하대학교, 홍익대학교 출강
● 1974년 7월 28일(일), 불타는 향학열에 미화 200US$ 들고 캐나다 이민
● 민주평통 제3, 4, 5기 캐나다 해외 자문위원
● 캐나다 캘거리한인회장 (1979)
● 캐나다한인총연합회 제5대 총회장(1987)
● 캐나다연방정부 소수민족협의회 한인 대표 (1992)
● 해외 700만 한민족대표자협의회 창립⇒부회장
● 한반도 통일연구회 이사(해외 동포 50여명의 원로 지도자들이 창립)
　※ 동부 정영섭 박사(몬트리올대학교 교수)
　※ 중부 박찬웅 회장(토론토민건협의회 회장, 작고)
　※ 서부 이유식 시인 (캘거리)
● 현재 유리투자(주) 회장
● 현재 한국 통일문화진흥회의 서부 캐나다 회장
● 현재 캐나다 한인학교 총연합회 이사

문단 경력
● 1975년 대학원 은사 김동기 교수(현재 학술원 회원), 민초(民草)라는 호(號) 수여
● 캐나다 중앙일보 논설위원(1993)
● 1994년 열린문학, 시 「방랑」으로 등단
● 2007년 신동아, 시 「그랜드 캐니언」으로 재(再)등단
● 캐나다 캘거리한인문인협회 창립(2004)⇒제1, 2, 3대 회장 역임
● 캐나다 민초(이유식) 해외 문학상 제정(2008)⇒현재 운영위원장
● 현재 한국문인협회 회원

- 현재 캐나다 한인문인협회 이사

저 서
- 첫 번째 시집 「로키산마루의 노을」(1994)
  두 번째 시집 「이민(移民)길 I」(국영문판)(1997)
  세 번째 시집 「이민(移民)길 II」(국영문판)(2002)
  네 번째 시집 「지울 수 없는 그림자」
  다섯 번째 시집 「이방인의 노래」(2009)
  여섯 번째 시집「뻐꾹새 울음소리에 피어난 들장미」
  (2013)
  일곱 번째 시집 「멀고 먼 당신」
- 캐나다의 명문대학과 명승지(공저)
- 시집 「자반고등어 굽는 저녁」(공저)
- 칼럼집 「캐나다를 알자」(1996)
- 시 「향수」국제시인협회 불후의 명시로 당선⇒출간됨

상 훈
- 21세기 한국문학세계화추진위 파블로네루다(Pablo Neruda)
  문학상 대상(2010)
- 제26회 라스베이거스 국제시인협회 켄벤션 시 낭송 우수상
  (2007)
- 황희 정승 문화 대상(2006)
- 국제문예 본상 대상(2006)
- 캐나다 30만 한인 동포 선정 문화예술 부문 한인 공로상
  (2004)
- 캐나다 중앙일보 문화대상(2004)
- 주한 칠레 대사관 문화교류상(2004)
- 국무총리 수여 국제문화교류상(1999)
- 충헌문화대상(황금마패) 시 부문 대상(1997)
- 열린 문학 신인상(1992)
- 대한민국 국민 포장 훈장(1989)
- 경상북도 교육 공로상(⇐경북 봉화군 농촌 불우 학생 108
  명에 장학금 지급)
- 대한민국 철탑 산업훈장(1987)

멀고 먼 당신

2015년 11월 30일 1판 1쇄 인쇄
2015년 12월 10일 1판 1쇄 발행

지 은 이   이 유 식
펴 낸 이   심 혁 창
편집위원   원 응 순
디 자 인   홍 영 민
마 케 팅   정 기 영

펴낸곳 **도서출판 한글**
서울특별시 서대문구 신촌로 27길 4호
☎ 02) 363-0301 / FAX 02) 362-8635
E-mail : simsazang@hanmail.net
등록 1980. 2. 20 제312-1980-000009

GOD BLESS YOU

정가 10,000원

*

ISBN 97889-7073-511-5-03130